Thomas Meßenzehl

Aschaffenburg

Als die Määkuh rief

Geschichten & Anekdoten

Textnachweis
„Der erste Weltkrieg in Aschaffenburg“ – eine Dokumentation, von Matthias Klotz, erschienen im Stadt- und Stiftsarchiv Aschaffenburg 2014; „Pompejanum-Büste in den USA entdeckt“, von Marc Brockmöller, „Main Echo“ vom 9. Mai 1922; „Unvergessene Episoden im Park Schöntal“, von Katrin Filthaus, „Main Echo“, vom 12. November 2022; „Ende eines Stücks Kulturgeschichte“, von Alexander Bruchlos, „Main Echo“ vom 12. Januar 2022; „Doktor Senf“, von Eddi Daus, „Spessart- Heft“ vom Februar 1999 / Druck und Verlag „Main Echo“, Aschaffenburg; „Aschaffenburg ist Deutschlands Blitz-Hauptstadt“ vom 16. Juli 2017, Prima-Sonntag“ , Aschaffenburg; „Der Brutalo-Priester“, „Prima-Sonntag“ vom 21. August 2021; „Schlappeseppel“ - Extrablatt vom September, erschienen in der „Eder & Heylands-Brauerei“ Großostheim 2011; „Der Herstallturm ganz ohne treuen Begleiter“, von Peter Freudenberger, „Main Echo“, 2021; Reprint der Originalausgaben:„Ascheberger Sprüch“ (Gustav Trockenbrodt) von 1903 und 1904, des Geschichts- und Kunstvereins Aschaffenburg e. V. 2007; „Aschaffenburger Häuserbuch II.“, von Alois Grimm, Geschichts- und Kunstverein Aschaffenburg 1991; persönliche Mitteilung von Peter Gemeinhardt zum Beitrag: „Die Schutzpatronin“; „Das erste Stadtfest war ein Riesenerfolg“, „Main Echo“, vom 8. September 1986; „Aus der Vergangenheit“, „Aschaffenburger Zeitung“ vom 17. September 1943; „Aschaffenburg“, von Willi Köhl, Aschaffenburg, Wailandtsche Druckerei und Verlag, 1935; „Die letzte Fahrt der „Määkuh“, „Main-Post“ vom 28. Dezember 1948; „Da war ein großes Hexenbrennen vor der Stadt“, von Carsten Pollnick, Aschaffenburg 2021.

Dank
An dieser Stelle darf ein herzlicher Dank an die Damen und Herren des Stadt- und Stiftsarchivs Aschaffenburg nicht fehlen.

Bildnachweis
Greser und Lenz – Witze für Deutschland, Karikaturenduo: S. 18; Fotos aus dem Familienbesitz Peter Gemeinhardts, Aschaffenburg: S. 8, 9, 16, 20, 29, 41, 47, 50, 55; Fotos aus dem Archiv Thomas Meßenzehls: S. 4, 12, 25, 27, 34, 37, 58, 64; Städtisches Schlossmuseum Aschaffenburg: S. 6.; Stadt- und Stiftsarchiv Aschaffenburg: S. 22; wikicommons: S. 39, 52, 72, 74, 78 (MNadler) ; Museum Rothenburg ob der Tauber: S. 43; Hermann Eymann: S. 62.
Titelbild: ullstein bild

1. Auflage 2023

Layout: Da Forma Agentur für Gestaltung, Gudensberg
Satz: Schneider Professionell Design, Schlüchtern-Elm
Druck: Rindt Druck, Fulda
Buchbinderische Verarbeitung: Buchbinderei S. R. Büge, Celle

34281 Gudensberg-Gleichen, Im Wiesental 1
Tel. 0 56 03 - 9 30 50 www.wartberg-verlag.de
ISBN 978-3-8313-3567-1

Inhalt

Vorwort

Liebe Leserin,

lieber Leser,

in diesem Buch begegnet Altes Neuem und Erinnerungen werden wach an Ereignisse, die einst die Menschen in Aschaffenburg in Atem hielten. Auch so manches stadtbekanntes Original begegnet Ihnen in den Geschichten wieder. Haben Sie viel Spaß beim Schmökern in diesem Büchlein und der Reise in längst vergangene Zeiten, als noch die Määkuh rief.

Ihr

Thomas Meßenzehl

Ein Kettendampfer auf dem Main – die so genannte Määkuh.

Vom Ascheberger Maulaff

Man findet ihn überall, ja selbst in der französischen Partnerstadt Saint-Germain-en-Laye ist er auf dem „Aschaffenburger Platz“ anzutreffen. Die Rede ist von keinem Geringerem als dem „Maulaff“. Jene echte Ascheberger Kultfigur ist sozusagen in aller Munde.

Beim Begriff „Maulaff“ denkt man wohl zuerst an kleine kopfförmige Halter, in deren Mund man im Mittelalter brennende Kienspäne steckte. Oder man spricht über Gaffer, die mit einem weit offenen Mund einfach nur dastehen und schauen. Dies nennt man dann „Maulaffen feilhalten“.

Doch der Reihe nach: Im Jahre 1778 schnitzten die begnadeten Hände zweier Bildhauer aus einem leblosen Stück Eichenholz eine „lebendige“ Figur. Etwa 1,65 Meter groß, trägt sie, bemalt in grüner Farbe, die typische Tracht eines Spessartbauern des 18. Jahrhunderts. Der „Ascheberger Maulaff“ diente zunächst zur Unterhaltung und Belustigung des kurfürstlichen Hofstaates und seiner holden Damenwelt. Als Spielfigur für das höfische Ballspiel wurde er im „Tal der Spiele“ im Schönbusch aufgestellt. Sein weit offenes Maul hatte jede Menge Wurfgeschosse zu schlucken. Von dem Einwurfloch aus verlief ein Schlund durch seinen Körper, der in Höhe des Rockschoßes zum Austritt kam. An dieser Stelle fing schließlich ein sogenannter „Klickerbeutel“ die gefangenen Bälle auf.

Doch leider zeigten sich die verwöhnten Herrschaften irgendwann vom Spiel gelangweilt, und man schaffte ihn aus ihren Augen. In der Folgezeit musste die später so beliebte und geschätzte Figur einiges über sich ergehen lassen. Als „Schrecker und Blecker“ sollte sie bei ihrem neuen Herren im Park von Nilkheim ungebetene Gäste verjagen. Dem Maulaff wurde gar übel mitgespielt, als er in einem Schrebergarten im Löhergraben als

Vogelscheuche aufgestellt und von lauter Vogeldreck besudelt wurde. Doch auch diese Demütigungen sollte der Arme letztlich unbeschadet überstehen. Als er bereits auf einem Sägebock lag, blieb ihm jedoch dieses unwürdige Ende erspart. Sein Retter gab ihm ein neues Zuhause.

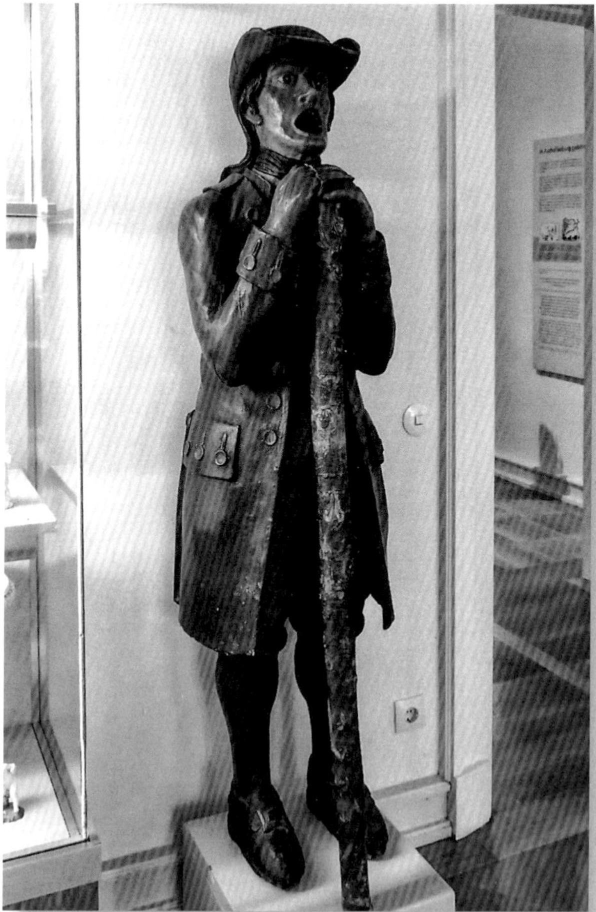

Der „Ascheberger Maulaff" ist heute ein Medienstar. Sein Prototyp ist im Schlossmuseum ausgestellt.

Heute erfreuen sich die Besucher des Schlossmuseums an seinem Anblick. Das Maul weiterhin weit aufgesperrt, wartet er sehnsüchtig darauf, dass man wieder Bälle hineinwirft.
Der „Maulaff“ ist mittlerweile nicht nur eine absolute Kultfigur, sondern auch ein Medienstar. Sein unverkennbares Konterfei ziert neben zahllosen Schaufensterdekorationen und Ladentheken Bierkrüge und Gläser, auch hochprozentige Erzeugnisse einheimischer Brennereien. Auch in der Gestalt von Süßigkeiten und Teig bereitet er wahre Gaumenfreuden. Er hat es wahrhaftig weit gebracht, denn sogar ein Gasthaus in der Dalbergstraße trägt seinen Namen. Im Stadtgebiet und drüben im Fußballstadion unserer glorreichen Viktoria am Schönbusch erfreut ein als Maulaff Verkleideter aus Fleisch und Blut Alt und Jung und singt zur allgemeinen Belustigung das „Lied vom Maulaff“. Wohl dem, der seine Traditionen pflegt!

Ein Römer kehrt zurück

Im Zweiten Weltkrieg blieb auch Aschaffenburg von Tod und Zerstörung nicht verschont. Nicht nur viele Wohnhäuser, sondern neben dem Schloss, Kirchen, vielen kulturellen Bauten, fiel auch das berühmte Pompejanum den Bomben und Granaten zum Opfer. Der Nachbau einer römischen Villa, die unter dem bayerischen König Ludwig I. in den Jahren 1840–1848 entstand, waren seinerzeit Kunstschätze ausgestellt worden. Seit dem Wiederaufbau galt eine der rund 2000 Jahre alten Büsten als verschollen. Als niemand mehr mit dem Auftauchen des Kopfes des „Drusus Germanicus“, dem Bruder des Kaisers Tiberius, rechnete, erreichte eine sensationelle Neuigkeit aus dem fernen Amerika Aschaffenburg.

Im August 2018 kaufte die Texanerin Laura Young in Austin in einem „Goodwillshop“ ein Kunstwerk, das sich als jene verschwun-

Eine der Büsten aus dem Pompejanum galt nach dem Zweiten Weltkrieg als verschollen.

dene Büste erweisen sollte. Für sage und schreibe 34,99 US-Dollar durfte sie die 25 Kilogramm schwere Marmorskulptur mit nach Hause nehmen. Offenbar ahnte sie, etwas ganz Besonderes erstanden zu haben und brachte die Marmorbüste zur „University of Texas“. Dort schätzte man, sehr zur freudigen Überraschung der Käuferin, dann tatsächlich das Alter des erworbenen Kopfes auf 2000 Jahre. Sogar die „New York Times“ und „CNN“ berichteten über den spektakulären Fund.

Niemand kann den Weg der Büste nach Texas, geschweige denn in den Shop, zurückverfolgen. Beim Auktionshaus Sothebys erfuhr Laura Young, dass die Skulptur einst im Pompejanum von Aschaffenburg gestanden habe. Seit dem Krieg hatte sich jede Spur verloren. Es gilt aber als wahrscheinlich, dass die Büste bei Kriegsende von einem US-Soldaten mitgenommen wurde. Laut einer Fachanwältin für Kunst- und Kulturerbe gilt die Büste als Raubgut. Das US-Gesetz verbietet die Veräußerung

Das Pompejanum wurde im Zweiten Weltkrieg beschädigt.

gestohlenen Eigentums. Somit gilt das antike römische Artefakt als unverkäuflich.
Die Käuferin setzte sich mit der Bayerischen Schlösserverwaltung in Verbindung. Als Würdigung der freiwilligen Rückgabe wurde ein Finderlohn in unbekannter Höhe ausgehandelt. Wäre die antike Büste in falsche Hände geraten, hätte sich ihre Spur auf dem Schwarzmarkt wohl für immer verloren. Derzeit wird sie im San Antonio Museum of Art in Texas noch als Leihgabe ausgestellt. 2023 soll der Kopf des „Drusus“ dann aber wieder ins bayerische Nizza zurückkehren.

Die Nixe im Schöntalsee

An einem Samstagnachmittag, Mitte Juni 1953, bekamen die Besucher im Park des Schöntals eine Darbietung ganz besonderer Art. Ein Gefängnisbeamter war gerade damit beschäftigt, eine Gefangene abzuführen. Dabei handelte es sich um eine junge Frau namens Veronika. Nur durch einen Zaun abgegrenzt, befindet sich jenseits des Parks die Platanenallee. Und eben dort gingen seinerzeit Frauen auf dem Straßenstrich der Prostitution nach, was verboten war. Veronika wurde prompt dabei erwischt, als sie einem Freier ihre Liebesdienste anbot. Die Exekutive kannte keinen Spaß, war man doch stets um eine „saubere Stadt“ bemüht. Noch am Tatort dingfest gemacht, führte der Beamte das „leichte Mädchen“ ab. Das nächste Gefängnis in der Innenstadt war nicht allzu weit. Sie nahmen die Abkürzung durch das Schöntal, direkt zum Gefängnis hinter der Sandkirche.
Auf dem Weg dahin riss sich die Gefangene los. Ihre Flucht en-

dete mit einem Sprung in den Schöntalsee. Das Geschrei lockte rund 200 Schaulustige an. In schallendes Gelächter verfallend, nahm das Publikum die „Nixe im Schöntalsee“ in Augenschein. Über eine Dreiviertelstunde blieb sie im See stehen, denn niemand hatte den Mut, sie dort herauszuholen, nicht einmal die herbeigerufene Polizei. Sie versuchte die Badende mit Worten zum Aufgeben zu bewegen, doch Veronika winkte hohnlachend ab. Wahrscheinlich glaubte sie sich im See vor ihren Häschern in Sicherheit.

Doch sie hatte ihre Rechnung ohne den Stadtgärtner Heribert Karpf gemacht. „Mädche, jetzt langt´s!“, befand er, fasste sich ein Herz und sprang kopfüber in das nasse Element. Als der versierte Rettungsschwimmer nach Veronika griff, setzte sie sich nicht nur zur Wehr. Sie versuchte stattdessen, ihm an die Wäsche zu gehen. Darüber zeigte er sich so erbost, dass er sie packte und gleich zweimal tüchtig unter Wasser tunkte. Das reichte schließlich, um Veronika zum Aufgeben zu bewegen. Die „Nixe“ verließ schließlich ohne Gegenwehr den See und wurde, so klitschnass wie sie war, ins nahe Gefängnis abgeführt.

Ein blauer Pullover und ein spätes Tor

Der 24. Oktober 1987 ist in der Geschichte des SV Viktoria Aschaffenburg ein ganz besonderer Tag. In der zweiten Runde des DFB-Vereinspokals traf man als drittklassiger Verein ausgerechnet auf den 1. FC Köln, den bis dahin ungeschlagenen Tabellenführer der Ersten Fußballbundesliga. Seit dem ersten Spieltag

Udo Lattek trug in der Saison 1986/87 statt Trainingsjacke seinen blauen Glückspullover.

hatte Udo Lattek als Sportdirektor der „Geißböcke“ seinen blauen Pullover getragen. Erst bei einer Niederlage würde er seinen Glücksbringer wieder ausziehen, hatte er sich geschworen.

Über 12 500 Zuschauer verwandelten das seit Wochen ausverkaufte Stadion am Schönbusch in einen wahren Hexenkessel. Ein Klassenunterschied war über weite Strecken des Spiels nicht zu erkennen. Als Uwe Höfer in der 83. Minute zum viel umjubelten 1:0 für den großen Außenseiter traf, stand das ganze Stadion Kopf. Der Sportreporter im Fernsehen fürchtete gar um die Gesundheit einiger Zuschauer. Ein Pfostentreffer der Gäste kurz vor Spielschluss sorgte für gehörige Aufregung. Als Schiedsrichter Fux das Spiel abpfiff, war die Sensation perfekt und die Viktoriafans wähnten sich im siebten Fußballhimmel!

Latteks Glückspullover hatte offensichtlich seinen Zauber verloren. Claus Reitmeier, der Torwart der glücklichen Pokalhelden, fragte Lattek, was denn nun mit dem Pullover geschehen würde. „Der bleibt an. Das gilt nur für die Bundesliga“, gab der enttäuschte Lattek sichtlich angefressen zurück. Doch spätestens nachdem Köln im übernächsten Bundesligaspiel erneut als Verlierer vom Platz ging, hatte der Pulli ausgedient. Er wurde später zugunsten der Kinderkrebshilfe für 36 000 D-Mark versteigert. Heute gilt das Sammlerstück als verschollen. Wahrscheinlich hält es ein unbekannter Fußballfreund als Schatz in seiner Kommode versteckt.

Im Viertelfinale des DFB-Pokals konnten die weiß-blauen Kicker der Viktoria gegen SV Werder Bremen ihren Erfolg leider nicht wiederholen. Aber am Ende der Saison wurde die Elf von Trainer Kurt Geinzer Meister der Hessenliga. In der anschließenden Aufstiegsrunde schaffte der Verein den Wiederaufstieg in die Zweite Fußballbundesliga – fürwahr herrliche Fußballzeiten, an die man sich gerne in Aschaffenburg im Stadion am Schönbusch zurückerinnert.

„Doktor Senf", der Spaßmacher

Der populäre und skurrile Lebenskünstler hieß mit richtigem Namen Johann Hufnagel. Geboren wurde er am 23. August 1894 in Alzenau. Unter seinen Zeitgenossen in Aschaffenburg, Kahlgrund und dem benachbarten Hessenland galt er als „unser Jean“. In seinem unsteten Leben zog er als wandernder Straßensänger quer durch Deutschland, ehe er wieder in seine angestammte Heimat zurückkehrte. Seinen Lebensunterhalt bestritt er mit lustigen Darbietungen von Gesang, Tanz und Pantomime. Mit Liedern wie: „Oh, Donna Klara. Ich hab‘ dich tanzen geseh'n“ begeisterte er seine Zuhörer. Entsprechend hoch fielen auch die Trinkgelder aus. Gerne holte man ihn bei der Kerb zur allgemeinen Unterhaltung und Belustigung ins Gasthaus, wo er sich neben den Moneten auch an kostenlosem Speis und Trank erfreuen durfte. Auch zu Dorffesten und privaten Feiern wurde er eingeladen. In einer seiner Paraderollen ließ er die „Gaas verrecke“. Zum Gesang übte er sich in den wildesten Zuckungen und Verrenkungen bis zum dramatischen Ende der „sterbenden Geis“ – das Gasthaus stand jedes Mal Kopf.

Seinen Spitznamen hatte er übrigens einer verlorenen Wette zu verdanken. Der Spaßvogel hatte gewettet, dass er den Hahnenkamm, einen Berg im Vorspessart, schneller hinauf- und wieder herunterlaufen würde als sein Kontrahent. Wetteinsatz war ein Eimer Senf, den der Verlierer auszulöffeln hatte. Man ahnt es schon: Hufnagel bekam Senf und Löffel gereicht und war obendrein um einen neuen Namen reicher. Das Bezirksamt von Aschaffenburg trug in seinem Personalausweis dann tatsächlich den Namen „Johann Hufnagel genannt Doktor Senf“ ein.

Eine der zahlreichen Anekdoten aus seinem facettenreichen Leben erzählt von einem Bauern, der sich wegen seiner kranken

Kuh an den „Doktor“ wandte. Er glaubte, einem wirklichen Mediziner gegenüberzustehen. Bei seiner Visite wickelte der vermeintliche Doktor das Vieh in eine nasse Decke. Nachdem Hufnagel sein Honorar eingestrichen hatte, machte er sich schnell aus dem Staub. Als der Bauer erfuhr, dass er einem falschen Arzt aufgesessen war, drohte er dem Vagabunden Hiebe an und verlangte sein Geld zurück. Doch Doktor Senf zeigte sich als gewiefter Bursche. Er erwiderte, der Bauer sollte doch froh darüber sein, dass die Kuh wieder gesund sei und außerdem sei von den paar lumpigen paar Mark nicht ein einziger Pfennig mehr übrig. Längst hatten er und seine Zechkumpane sich davon einen schönen Abend im Gasthaus gemacht.

Anfang der 1970er-Jahre neigten sich seine Wanderjahre schließlich dem Ende zu. In einem Altersheim in Aschaffenburg verbrachte er seine letzte Lebenszeit. Am 31. März 1983 schloss Doktor Senf für immer seine Augen und die Welt war abermals um ein Original ärmer.

Blitz und Donner

Längst mag sich auch der letzte Zweifler im Klaren darüber sein, dass unsere Welt vom fortschreitenden Klimawandel zusehends bedroht wird. Am 18. August 2019 sorgte die Naturgewalt einer Fallböe aus einer Gewitterblase für eine Schneise der Verwüstung. Nordwestlich von Aschaffenburg, zwischen Kahl und Alzenau, verschwand in dieser schrecklichen Unwetterwalze, neben zahlreichen Schäden an Häusern und Autos, ein ganzer Wald. Aschaffenburg selbst blieb von der schrecklichen Naturkatastrophe verschont.
Drei Jahre zuvor schlugen nicht weniger als 238 Blitze auf dem Stadtgebiet von Aschaffenburg ein. Laut der Statistik des „Blitz-Informationsdienstes“ von Siemens nimmt Aschaffenburg, prozentual gesehen, damit den Spitzenplatz ein. In keiner anderen deutschen Stadt schlug der Blitz öfter ein. Nur im Landkreis We-

Blitz, Donner und Hochwasser – auch Aschaffenburg blieb davon nicht verschont.

sel zuckten mehr Blitze am finsteren Himmel. Den Titel „Blitzhauptstadt“ hat Aschaffenburg nicht etwa bestimmten Wetterlagen zu verdanken, sondern der Tatsache, dass es durchaus vorkommen kann, dass sich Gewitter an bestimmten Stellen einfach festsetzen. So die Meinung eines Experten des Deutschen Wetterdienstes.

Unvergessen bleibt auch das schwere Unglück vom Mai 1931, wo in Hösbach beim Zusammensturz einer Brücke zwei Erwachsene und zwei Kinder in den Fluten des Hochwassers des Hösbaches ums Leben kamen.

Etwas Erfreuliches zum Schluss: Trotz der großen Zahl an Blitzen wurde in Aschaffenburg in den letzten Jahren kein Mensch vom Blitz getroffen und getötet.

Wenn Traditionen sterben

Im Sommer 2011 sorgte eine Meldung für gehörige Aufregung in der Stadt: Die Traditionsgaststätte „Schlappeseppel“ schenkt ab dem 1. Oktober kein „Schlappeseppel-Bier“ mehr aus! Konrad Vogel, der Besitzer des Lokals, hatte beschlossen, den auslaufenden Brauereivertrag nicht zu verlängern. Stattdessen sollte fortan das „Faustbier“ aus Miltenberg aus dem Zapfhahn laufen. Zahllose Bierfreunde zeigten sich geschockt. Das „Schlappeseppel“ sei schließlich ein Aushängeschild Aschaffenburgs. Und wenn nun ausgerechnet im Gasthaus gleichen Namens ein anderes Bier ausgeschenkt würde, sei dies schlichtweg eine Mogelpackung.

Andere waren wiederum der Meinung, dass die „Eder & Heylands-Brauerei“ in Großostheim, wo seit 2001 das Schlappeseppel-Bier gebraut wird, auch keine Brauerei aus Aschaffenburg

Wenn’s beim Schlappeseppel kein Schlappeseppel-Bier mehr gibt.

sei. An vielen Wirtshaustischen entbrannten die hitzigsten und emotionalsten Diskussionen. Aller Aufregung zum Trotz, die bittere Entscheidung war gefällt. Es blieb dabei: Der Bierwagen brachte, wie vorgesehen, im Herbst die ersten Bierfässer aus dem Brauhaus „Faust“ aus Miltenberg.

Für manche mag es ein Trost sein, dass das neue Bier wenigstens aus der benachbarten Region kommt. Im „Schlappeseppel-Extrablatt“ vom September 2011 schrieb ein Facebook-User, arg betrübt über das Aus des Schlappeseppel-Biers, vom „kleinen traurigen Beitrag zum Untergang des Abendlandes im Mikrokosmos Aschaffenburg“.

Aber es heißt nicht umsonst, dass die Zeit alle Wunden heilt. Denn nach wie vor erfreut sich die beliebte Szenekneipe regen Zuspruchs von nah und fern. Nicht selten ist es dort „rappelvoll“, obwohl man kaum sein eigenes Wort versteht, je nachdem, wie stark die Gäste dem schäumenden Gerstensaft vom „Faust“ zusprechen.

Mit dem Slogan: „Seit Jahrhunderten in aller Munde“ wirbt die „Eder & Heylands-Brauerei“ für ihre umsatzstärkste Biermarke. Das Schlappeseppel-Bier sorgt für die Hälfte des gesamten Umsatzes. Der Pro-Bier-Club in Dortmund zeichnete gleich zweimal ein „Schlappeseppel“ 2007 und 2019 als „Bier des Jahres“ aus. Und nicht nur hierzulande, sondern auch international hat es seine Liebhaber und streicht zahlreiche Auszeichnungen und Medaillen ein.

Was ist ein „Kumbeer"?

Nicht jeder weiß auf diese Frage eine gescheite Antwort. Neben dem „Maulaff" gehört eben auch ein „Kumbeer" zu den bekanntesten Originalen Aschaffenburgs.

Bereits im 9. Jahrhundert entstand zu Füßen des Stifts- und Badberges das altehrwürdige Fischerviertel, die erste Siedlung außerhalb der Oberstadt. Wie schon der Name verrät, lebten dort einst Fischer und Schiffsleute. Um 1400 umgab man diesen Teil der Stadt mit einer schützenden Mauer. Damit sollten wildes Getier, feindliche Soldaten, fahrendes Volk und finsteres Gesindel ferngehalten werden.

Sobald aber Gevatter Main in Zorn geriet und seine Wasser über die Ufer steigen ließ, war jegliches Mauerwerk vergebens. Das Hochwasser brachte viel Leid über die Familien. Trotz der vielen tragischen Todesfälle und eingestürzten Häuser wichen die Fi-

Die Mainfischer und Schiffsleute, genannt Kumbeer, hielten zusammen.

scher und Schiffsleute nicht vom Grund und Boden ihrer Altvorderen. Die „Kumbeer“ waren es gewöhnt, den ewigen Kampf mit dem Fluss auszufechten und entwickelten über Generationen hinweg eine Eigentümlichkeit, die sie vom Rest der Bevölkerung unterschied.

Dies schlug sich auch im Dialekt nieder. Der Volksmund bezeichnet die Männer der Fischerzunft und die Schiffsleute liebevoll als „Kumbeer“. Wobei jener urtümliche Ausdruck eigentlich aus dem Mainzer Dialekt stammt, dessen Ursprung wiederum in der französischen Sprache liegt. So steht das Wort „compère“ für Kamerad, Gevatter oder auch Kumpel. Die einst ehrwürdige, mit stolzer Tradition behaftete Zunft der Aschaffenburger Mainfischer ist längst ausgestorben, aber sie lebt in diesem mundartlichen Ausdruck weiter.

De Säuhert!

Gustav Trockenbrodt gilt als der wohl bekannteste Interpret der Aschaffenburger Mundart. Geboren wurde er als fünfter und jüngster Sohn einer zum Stadtadel zählenden wohlhabenden großbürgerlichen Familie am 10. November 1869 in Aschaffenburg. Gemeinsam mit seinem Bruder Karl-Friedrich (Fritz) verhalf er ihr zu Glanz und Ansehen.

Gustav Trockenbrodt – Aschaffenburgs bekanntester Mundartdichter.

Während Fritz es bis zum königlichen Hoflieferanten brachte, machte sich Gustav als Dichter der heimischen Sprache unsterblich. Seine im Ascheberger Dialekt geschriebenen Texte in der Gedichtsammlung: „Ascheberger Sprüch“ gelten bis zum heutigen Tag als Volksgut. Nach seinem Studium der Rechtswissenschaften fand er Anstellungen als Jurist in verschiedenen Notariatskanzleien. Obwohl er fern der Heimat lebte, brach der Kontakt zu seiner Geburtsstadt nie ab. Im jungen Alter von nur 34 Jahren verstarb der Heimatdichter in Rosenheim am 27. April 1904 an einer Darmtuberkulose.
Dadurch blieb so manches Werk aus seiner Feder, darunter eine kaum bekannte musikalische Komposition, unvollendet. Gustav Trockenbrodt wurde im Familiengrab auf dem Aschaffenburger Altstadtfriedhof beigesetzt. In Anerkennung seiner Verdienste wurde in der Stadt eine Straße nach ihm benannt. Unsterblich sind auch seine Gedichte:

De Säuhert

„Da drowwe am Berg, wo de Kerchhof schtäiht,
da hockt de Säuhert un bläst sei Drumbeed.
Sou traurig, es wird äm ganz anners debei,
es bläst de Säuhert, es grunze die Säu.
Er guckt nach ’m Kerchhof, er guckt nach ’m Grab,
die Träne laafe ’m die Backe nab.
Er flennt dicke Drobbe un bläst debei,
es flennt de Säuhert, es grunze die Säu.
Aach mich hot getroffe e groußes Läd,
es is mer genumme fer’ immer mei’ Fräd.
Was scheert des die Leit’? Was is do debei?
Un wenn äm es Herz bricht, was kimmert’s die Säu?“

Der Dichter ohne Kopf

„Wer den Schaden hat,
darf für den Spott nicht sorgen."
(Wilhelm Heinse)

Auf dem Aschaffenburger Altstadtfriedhof ruhen die Gebeine eines bedeutenden deutschen Dichters. Liegen aber dort auch wirklich all seine sterblichen Überreste begraben?
Doch der Reihe nach: Die Rede ist von keinem Geringeren als Wilhelm Heinse. Eigentlich hieß der Zeitgenosse Goethes mit richtigem Namen Jakob Wilhelm Heintze und war in Langenwiesen/Thüringen geboren. Bereits als Jugendlicher zeigte er zahlreiche Talente, beherrschte neben der Musik auch vier Fremdsprachen. Am meisten jedoch lag ihm die Literatur am Herzen. Sein Talent als Dichter gipfelte in der Veröffentlichung seines zweiten Romans „Ardinghello und die glückseligen Inseln", der im Jahre 1786 erschien. Er ging als der erste Künstlerroman in die deutsche Literaturgeschichte ein.
In seiner mitreißenden Sprachgewalt und revolutionierenden Botschaft sorgte er unter seinen Lesern für Begeisterung, aber auch für Empörung und Ablehnung. Gerade die katholische Kirche sah sich durch den skandalumwitterten Schriftsteller mächtig auf die Füße getreten. Man stempelte ihn als „Bekämpfer des christlichen Glaubens" ab. Auch das von Heinse so verhasste alte Spießbürgertum bekam ordentlich sein Fett weg. In seinem Roman besaßen die Frauen ein Wahlrecht, was sozusagen am Vorabend der französischen Revolution noch gar nicht denkbar war. Leidenschaftlich mit seiner Weltanschauung behaftet, befürwortete er die Vielehe und schrieb seine diesbezüglichen Ansichten nieder.

Ausgerechnet der Mainzer Kurfürst und Erzbischof Friedrich Carl Joseph von Erthal (1719–1802) nahm ihn am katholischen Hof zu Mainz in seine Dienste. Vom Herbst 1786 bis zu seinem Tod 1803 arbeitete Wilhelm Heinse als Bibliothekar, Übersetzer und Vorleser. Mit dem Umzug von Mainz nach Aschaffenburg bezog Heinse im Südostflügel des Renaissanceschlosses Johannisburg ein eigenes Zimmer. Ein zweiter Schlaganfall am 22. Juni 1803 riss ihn schließlich mitten aus seiner Arbeit.

Wilhelm Heinses Grab auf dem Altstadtfriedhof.

Gegen den Willen der Geistlichkeit ließ der Mainzer Kurfürst und Erzbischof, Carl Theodor von Dalberg, auch Fürstprimas von Deutschland und Großherzog von Frankfurt (1744–1817), den nicht unumstrittenen Protestanten ausgerechnet auf dem katholischen Friedhof von St. Agatha begraben. Anfangs lag sein Grab an der St.-Anna-Kapelle, ehe man es schließlich in die Nähe des Kirchturms verlegte. Doch Heinses Totenruhe wurde später abermals gestört.
Der Anthropologe, Paläontologe und Anatom Samuel Thomas von Soemmering (1755–1839) kam eines Tages nach Aschaffenburg. Die Herren der Friedhofsverwaltung staunten nicht schlecht, als sie Heinses Testament zu lesen bekamen. Darin hatte der Verstorbene verfügt, dass man Soemmering seinen Schädel aushändigen solle. Heinses letztem Wille sollte entsprochen werden.
Auf Geheiß des bayerischen Königs Ludwig I. (1786–1868) mussten die Totengräber erneut das Grab öffnen, um Heinses Gebeine auf den neuen Altstadtfriedhof zu überführen. Doch auch hier musste 1880 seine Ruhestätte einem Mauerdurchbruch weichen. Nach seiner Umbettung errichtete man ihm ein neues Grabmal. Hoffentlich findet der „ruhelose Geist" des Dichters jetzt ein für alle Mal seine Ruhe!
Sein Totenschädel befand sich zuletzt im Senckenberg-Museum in Frankfurt a. M., wo sich seit dem Zweiten Weltkrieg seine Spuren verlieren.

Der „Ascheberger Arsch"

Wer von den Wahrzeichen der Stadt spricht, darf den so genannten „Ascheberger Arsch“ nicht vergessen. Doch nicht jeder, egal ob Einheimischer oder Gast, weiß, was es mit dem steinernen Denkmal auf sich hat und wo es sich befindet. Beim gemütlichen Spaziergang hinab zum Schlossgraben in Richtung der Mainauen möge der Suchende seinen Blick in Richtung Schloss werfen. Zu seiner Linken erhebt sich eine hohe Mauer. Sobald er das gesuchte Werk darin entdeckt, gerät er über dessen Bedeutung ins Grübeln. Doch dieses Geheimnis hat der Künstler für immer mit ins Grab genommen. Der gern erzählten Legende nach soll hier einst die Hand eines Steinmetzes ihrem Unmut Luft gemacht haben. Die Bezahlung war wohl allzu schlecht, sodass er sich bildhauerisch das Zitat des Götz von Berlichingen zu eigen machte.

Der so genannte „Ascheberger Arsch“.

Es dürfte aber schließlich egal sein, aus welchem Motiv heraus die Nachbildung eines ganz bestimmten menschlichen Körperteils entstand, denn der Ascheberger Arsch ist heute nicht mehr aus unserer Stadt wegzudenken. Ein geschäftstüchtiger Konditor kam sogar auf die Idee, den „Ascheberger Arsch“ in Form einer süßen Leckerei aus Marzipan anzubieten.

Das wachsame Auge über die Stadt

Adam Sternhecker war der letzte Türmer von Aschaffenburg. Geboren im Juli 1844 in Leider (ein Stadtteil Aschaffenburgs seit 1901), erlernte er im Schönbusch den Beruf des Gärtners, träumte jedoch stets von einer Arbeit und einem Leben im prächtigen Renaissanceschloss Johannisburg in Aschaffenburg. Als er 1871 Elisabeth Fischer heiratete, erfüllte ihm noch im gleichen Jahr die königlich-bayerische Regierung seinen lang gehegten Wunsch. Angestellt als Schlossdiener, durfte er eine Wohnung im Schloss beziehen.

Nach dem Tod des Türmers Andreas Hock übertrug Prinzregent Luitpold eben Adam Sternhecker das verantwortungsvolle Amt des Türmers. Gemeinsam mit seiner Frau Elisabeth und den vier Töchtern Anna, Eva, Katharina und Sabine bezog er die Türmerwohnung, die sich weit oben im Spatendach des alten Bergfrieds befand. Somit nahm der einstige Schönbuschgärtner das „höchste“ Amt in der ganzen Stadt ein.

Passender hätte ihr Name nicht sein können, denn die Sternheckers waren den Sternen buchstäblich näher als der Erde. Über einhundertsechsunddreißig Treppenstufen führten den Turm hinauf zu Adams Arbeitsplatz, wo er fortan bei Tag und

Nacht seinen Wachdienst versah. Der Dienst forderte von ihm und seiner Familie einen hohen Tribut, denn es galt, jede Stunde die Glocke zu schlagen, damit die Bürger wussten, dass die Sternheckers nach allen vier Himmelsrichtungen pflichtbewusst die Feuerwache hielten.

Vergnügen, wie den Besuch des Wirtshauses oder Familienausflüge an den Wochenenden, waren passé. An Reisen war gar nicht erst zu denken. Damit Adam Sternhecker zumindest ein paar Mützen voll Schlaf nehmen durfte, übernahmen seine Frau und die Töchter für ihn die Nachtwache.

Im Turm des Aschaffenburger Schlosses verrichtete der Türmer seine verantwortungsvolle Tätigkeit.

Die Bewohner der Stadt verließen sich vertrauensvoll auf das wachsame Auge des Türmers. Sobald er einen Feuerschein entdeckte, schlug er die Feuerglocke. Brach ein Feuer tagsüber aus, so musste eine schwarze Fahne aus einem der vier Ecktürme gehängt werden, die der ausrückenden Feuerwehr die Richtung wies, wo das Feuer ausgebrochen war. Nachts deutete eine große Laterne den Weg zur Brandstelle. Dank der hohen Wachsamkeit der Türmer konnten größere Brandkatastrophen verhindert werden. In den Tagen des Ersten Weltkriegs hatte Adam Sternhecker auch das Nahen feindlicher Flugzeuge zu melden.

Nachdem der Türmer in seiner Dienstzeit von dreiunddreißig Jahren insgesamt mehr als 280 000 Mal die Stundenglocke geläutet hatte, schlug schließlich auch ihm die letzte Stunde. Die von der Firma Siemens im Mai 1926 in Aschaffenburg vollautomatisierte Feuermeldeanlage nahm Adam Sternhecker und den Seinen letztlich die Arbeit ab. Die verantwortungsvolle Tätigkeit des Türmers gehörte von nun an für immer der Vergangenheit an.

Wieder einmal fiel ein jahrhundertealter Beruf dem technischen Fortschritt zum Opfer. Adam Sternhecker, der letzte Türmer der Stadt, schloss im Sommer 1930 im hohen Alter von 86 Jahren für immer seine Augen.

Das schreckliche Ende einer Liebschaft

Am 22. Mai 1915, einen Tag vor dem Pfingstsonntag, kam es in Damm zu einer schrecklichen Liebestragödie. Tage zuvor hatte Katharina Weitz (geboren in Long Island, New York), eine zwanzigjährige Näherin, dem achtundzwanzigjährigen Xaver Schweitzer in einem Brief die Auflösung ihrer gemeinsamen Freundschaft mitgeteilt. Über das jähe Ende der Liebesbeziehung verärgert, beschloss der Soldat, von seiner Garnison in Ingolstadt sofort nach Aschaffenburg zu fahren. Als Grund seiner plötzlichen Reise gab er seinen Vorgesetzten an, es handle sich um eine wichtige Familiensache. Man gewährte ihm zwei Tage Urlaub, mit dem Recht, sich von seiner Einheit, dem „Armierungsbataillon 314/1915“, zu entfernen.

Kaum, dass er mit der Bahn im Hauptbahnhof in Aschaffenburg eintraf, trieb es ihn ins nächste Gasthaus, wo er seinen Liebeskummer in Alkohol ertränkte. Nachdem er sich einige Flaschen Bier hinter die Binde gekippt hatte, machte er sich auf den Weg zur Braut, die ihm den Laufpass gegeben hatte. Betrübt, enttäuscht und angetrunken wie Schweitzer war, betrat er das Anwesen in der Haidstraße 42 im Stadtteil Damm. Dort versuchte er verzweifelt, seine Geliebte in einem Gespräch umzustimmen. Doch Katharina Weitz blieb bei ihrer harten Entscheidung. Wer weiß, vielleicht hatte die noch blutjunge Frau ihr Herz bereits an einen anderen Mann verschenkt.

Schließlich kam es zum hässlichen Streit, woraufhin sie vor dem Soldaten schließlich die Flucht ergriff. Sie versuchte, sich in einem benachbarten Schuppen zu verstecken. Doch vergebens! Von haltloser Wut ergriffen, zerbrach er den Türriegel und zog

seinen Revolver. Völlig enthemmt, feuerte er nicht weniger als vier bis fünf Schüsse auf Katharina ab, die noch an Ort und Stelle verstarb.
Daraufhin beschloss der Täter, ihr in den Tod zu folgen. Schweitzer setzte, verzweifelt wie er war, die Mündung seiner Waffe an die eigene Schläfe und drückte ab. Von der plötzlichen Schießerei aufgeschreckt, eilten die Verwandten und Nachbarn herbei. Neben dem Leichnam der Frau fand man den blutüberströmten Soldaten. Obwohl man ihn mit dem Rettungswagen ins städtische Krankenhaus brachte, kam auch für ihn jede Hilfe zu spät. Nur wenige Stunden nach seiner entsetzlichen Bluttat hörte nun auch sein unglückliches Herz auf zu schlagen.

Vom Klang des Geigenspiels

Die beiden Protagonisten, von denen hier die Rede ist, sind sich zu Lebzeiten nie begegnet. Dennoch verbindet die beiden eine Gemeinsamkeit, und zwar die Geige.

Jean (eigentlich Johannes Cornelius) Vauchel war der Sohn französischer Emigranten und wurde am 9. März 1782 in Offenbach geboren. Seiner Familie schien es jedoch nicht allzu gut im Hessenland zu gefallen, denn sie packten ihre Sachen und zogen nach Paris. Dort erlernte Jean Vauchel das Handwerk des Geigenbauers. Dank seiner Begabung machte er schnell Karriere und stieg bei Napoleons Bruder Jérôme (König von Westfalen) gar zum Hofgeigenbauer auf. Später wurde Vauchel als Hofgeigenbauer bei Großherzog Ferdinand III. von Toscana in Würzburg in Dienste genommen. Als Würzburg schließlich bayerisch wurde, stieg er zum königlichen Hofgeigenbauer auf und verblieb die nächsten Jahre in Würzburg.

Doch 1853 kehrte er im Zorn der Stadt den Rücken, nachdem er mit den dortigen Stadtvätern in Streit geraten war. Er hatte sein wahres Wesen gezeigt, denn schon beim geringsten Anlass trieb es ihn auf die Palme. Seine letzten Lebensjahre verbrachte er zunächst in der Gemeinde Schweinheim. Als jedoch Kinder aus Spaß auf die geliebten Tauben schossen, die er züchtete, brach er auch hier seine Zelte ab und siedelte nach Damm über. Auch hier fühlte er sich nicht sonderlich wohl. Dem Ausspruch „dort will ich den Lebtag nicht begraben sein“ ließ er zwei Jahre später Taten folgen. Als er am 10. Januar 1856 verstarb, musste der Sarg mit seinem Leichnam bei schlimmstem Glatteis hoch zum Altstadtfriedhof getragen werden.

Selbst der Geigenvirtuose Paganini lobte Vauchels Geigen für ihren besonders guten Klang in den höchsten Tönen. Seine kostbaren Werke besaßen einen Wert von nicht unter achthundert Gulden. Als sich einmal ein Kunde erdreistete, über den Verkaufspreis verhandeln zu wollen, soll der Geigenbauer aus lauter Wut über den Affront die Geige kurzerhand in tausend Stücke geschlagen haben. Auch wenn er sich im Umgang mit anderen Menschen recht schwer tat, so galt er doch als einer der wohl besten Geigenbauer der Welt.

Das Grab Ernst Zöphels auf dem Altstadtfriedhof.

Ernst Zöphel gehörte zweifelsohne mit zu den wohl letzten richtigen Originalen von Aschaffenburg. Geboren am 20. April 1914 in Koblenz, zog er mit seiner Familie nach Aschaffenburg, wo sein Vater einen Laden für Geigen besaß. Genau wie Jean Vauchel erlernte auch Zöphel das edle Handwerk des Geigenbaus. Furchtbare Erlebnisse während des Zweiten Weltkriegs (er wurde wegen Fahnenflucht in ein Irrenhaus eingesperrt) sowie der „Aufenthalt“ in einem französischen Straflager hinterließen bei ihm Spuren. Kein Wunder, dass er später des Öfteren vom Freiheitsdrang gepackt wurde.

Oft reiste er mit einer Bahnkarte durchs Land, die er sich mit seinem Geigenspiel auf Plätzen und Gassen verdiente. Der Mann mit „Rauschebart und Geigenkasten“ war auch über eine lange Zeit hinweg mit wenigen Unterbrechungen im Bereich der Herschelgass‘ anzutreffen. In „seinem Wohnzimmer“, wie er die belebte Fußgängerzone liebevoll nannte, durfte man vieles, nur keinen Kaugummi ausspucken oder mit dem Fahrrad an ihm vorbeihuschen. Ähnlich wie Vauchel, so konnte den Meister schon einmal der Zorn packen.

Als man ihm später wegen des Zuckerleidens ein Bein abnahm, war es mit seinem Vagabundendasein zu Ende. Seine letzten Tage verbrachte er, an den Rollstuhl gefesselt, im Seniorenstift in Niederlauer/Bad Neustadt, wo er am 21. September 2001 verstarb.

Die sterblichen Überreste jener beiden Originale ruhen heute auf dem Altstadtfriedhof von Aschaffenburg, gerade einmal eine Gehminute voneinander entfernt.

Jazzkeller, „Klimperkasten" und „Colos-Saal"

Lange Zeit war das Gebäude am Roßmarkt 21 aus dem Stadtbild nicht wegzudenken. Inzwischen ist es der Abrissbirne zum Opfer gefallen. Jeder Musikfreund wusste um die Örtlichkeit des Aschaffenburger Szenetreffs. Wenige Jahre nach dem Ende des Zweiten Weltkriegs traf sich im „Heylandskeller" die Jugend, um den Klängen der Jazzmusik zu lauschen, welche unter den Nationalsozialisten als „entartet" verschrien und verboten war.

Sozusagen im Untergrund entstand hier die Keimzelle für Live-Musik. Mit ihren Instrumenten sorgten die Musiker bei ihren wöchentlichen Auftritten unter den jungen Zuhörern für die entsprechende Stimmung. Zu ihnen gesellten sich auch US-Soldaten, die in der Stadt stationiert waren. Wurde mit „The Star Spangled Banner" ihre Nationalhymne gespielt, tanzten die Amerikaner auf den Tischen.

Mit den 1960er-Jahren wurde im Jazzkeller die Ära des Rock 'n' Rolls eingeläutet. In den 1970er-Jahren lösten Diskotheken zwischenzeitlich die beliebte Livemusik ab.

Der im Jahre 1984 gegründete „Klimperkasten" war es dann schließlich, der die Musikszene in Aschaffenburg mit seinem monatlichen Programm nachhaltig prägen sollte. Die Liveauftritte der Musiker auf der Kneipenbühne fanden in der besonderen Atmosphäre des Konzert-Clubs statt. Neben einheimischen Musikern aus Stadt und Umland kamen auch gerne Tour-Bands in den „Untergrund", um die bis zu dreihundertfünfzig Gäste zu begeistern. Alle Musikrichtungen waren vertreten. Die Palette reichte von Rock, Blues, Folk, Jazz, Funk, Reggae, Swing bis hin zum Hip-Hop.

Der Colos-Saal bietet seinem Publikum zahlreiche Live-Konzerte.

Zu den wohl bekanntesten Musikern, die hier auftraten, zählen die Pop-Band „Pur“ mit ihrem Frontmann Hartmut Engler oder die „Fantastischen Vier“. Auch eine Band aus Island gab hier ein Livekonzert.

Da das Fassungsvermögen für das stetig steigende Interesse des Publikums nicht mehr ausreichte, beschloss man 1992 den Umzug ins benachbarte Gebäude am Roßmarkt 19. Der Fortbestand der Live-Konzerte in Aschaffenburg blieb damit gesichert. Auch der „Colos-Saal“ bietet seinen Gästen heute eine bunte Palette unterschiedlicher populärer Genres. Er zählt übrigens zu den ältesten Live-Clubs in Deutschland. Seit seinem Bestehen besuchten etwa zwei Millionen Gäste die bislang etwa 8000 Veranstaltungen, wozu neben den Konzerten auch die Auftritte von Kabarettisten und Theaterleuten beitragen.

Ein Aschaffenburger auf dem elektrischen Stuhl

Als Hans B. Schmidt trug er einen Allerweltsnamen. Doch erst als „The Killing Priest“ brachte er es später zu recht zweifelhafter Berühmtheit.

Geboren wurde er in Schweinheim am 15. Juni 1881 als Kind einer mittelständischen Familie. Um seine Person ranken sich zahlreiche Mythen und Geschichten. Vieles davon hat man im Laufe der Zeit hinzugedichtet. Bereits in jungen Jahren soll er Tiere getötet und deren Blut getrunken haben. Auch die Besuche bei Prostituierten gehörten bei ihm zum Alltag. Aufgrund psychischer Störungen suchten ihn Wahnvorstellungen heim.

Dem Willen seiner Mutter gehorchend, besuchte er das Priesterseminar, landete aber bald wegen des Vorwurfs der Urkundenfälschung vor Gericht. Da sein Anwalt aufgrund des Geisteszustandes seines Klienten auf Minderung der Schuld plädierte, erfolgte der Freispruch. Nach seiner Weihe ins Priesteramt, die angeblich 1904 erfolgte, predigte Schmidt als Kaplan in verschiedenen Pfarreien das Wort Gottes.

Er selbst schien von seinen Worten nicht allzu sehr überzeugt gewesen zu sein, denn Schmidt hielt es nie auf dem rechten Pfad der Tugend. Sexuelle Verfehlungen und seine doch recht seltsame Art Gottesdienst zu halten, zwangen die Diözese Mainz dazu, ihn zu suspendieren.

Im Jahre 1909 setzte der „große Sünder vor dem Herrn“ jenseits des großen Teichs im amerikanischen Bundesstaat Kentucky mittels gefälschter Papiere seine Karriere als katholischer Ordensmann fort. Seine Vita war von zahlreichen Delikten geprägt, die von der Unterschlagung von Geld, dem Einrichten einer Fäl-

scherwerkstatt bis hin zum Mordverdacht an einem erst neunjährigen Mädchen reichten.
1912 lernte Schmidt in New York City die zwanzigjährige Anna Aumüller (aus Österreich-Ungarn eingewandert) kennen. Die „Stimmen“, die stets zu ihm sprachen, befahlen ihm, die Liebe zu ihr, die als Haushälterin in seinem Pfarrhaus diente, zu suchen. Eben diese „Stimmen“ waren es letztlich auch, die den

Hans Schmidt aus Aschaffenburg endete als erster und bislang einziger Priester auf dem elektrischen Stuhl.

schwer psychisch Kranken dazu bewegten, die junge Frau „Gott zu opfern".

Am 2. September 1913 geschah zu nächtlicher Stunde die schier unfassbare Bluttat. In einer geheimen Wohnung, in der sich die beiden stets zum Techtelmechtel trafen, offenbarte Anna ihm ihre Schwangerschaft. Wahrscheinlich war dies das Motiv für sein schreckliches Verbrechen, denn nichts anderes kann das folgende Geschehen erklären. Nachdem er der Schlafenden heimtückisch die Kehle durchschnitten hatte, vergewaltigte er sie und trank ihr Blut. Hinterher zerstückelte er die Leiche und warf diese in den Hudson River. Teile davon wurden an Land gespült. Die Kriminalpolizei von New Jersey fand in einem Kissenbezug, in den ein Leichenteil gewickelt war, ein Preisschild. Die Polizeibehörde von New York City vermochte es, die Spur vom Geschäft zum Käufer ausfindig zu machen. Bei seiner Festnahme gestand er den Polizeidetektiven augenblicklich seinen grauenvollen Mord: „Ja, ich habe sie getötet, weil ich sie liebte!"

Der gebürtige Aschaffenburger wurde zum Tode verurteilt. Seine Anwälte erwirkten den Aufschub der Hinrichtung um ein ganzes Jahr. Doch am 18. Februar 1916 musste der Mörder Hans Schmidt im Staatsgefängnis „Sing Sing" (50 Kilometer von New York entfernt) auf dem elektrischen Stuhl Platz nehmen. Erst nach drei Stromschlägen und acht leidvollen Minuten wurde seinem ruchlosen Dasein ein Ende gesetzt.

Der einstige Gottesmann ist bislang der einzige Priester, der in den Vereinigten Staaten jemals auf dem elektrischen Stuhl hingerichtet wurde. Der Ort seiner letzten Ruhestätte blieb auf Bitten seiner Eltern bis zum heutigen Tage geheim. Vermutlich ruhen seine sterblichen Überreste auf dem Gefängnisfriedhof von „Sing Sing".

Über seltsame Verbote

Am 16. März 1916 erschien in der ehemaligen „Aschaffenburger Zeitung“ ein doch recht merkwürdiger Aufruf. Darin wurde die Abschaffung der Kaffee- und Teegesellschaften der Frauen gefordert. Es müsse so bald als möglich „ein Ziel gesetzt werden“, einem solch „unverständlichen Schlaraffentum“ ein „Ende zu machen“.

Die Kaffee- und Teegesellschaften der Frauen wurden als „Schlaraffentum“ offiziell verboten.

Am 7. April 1916 wurde in der Sitzung des Aschaffenburger Stadtmagistrats über das Nichtbeachten des „Verbots des Fußballspielens“ berichtet. Selbst ein herbeigerufener Schutzmann vermochte das Fußballspielen auf der Großmutterwiese nicht zu unterbinden. Daraufhin entging der Beschluss, eigens einen Wächter einzusetzen. Auch auf den Straßen, Gassen und Plätzen nahm das Fußballspiel, sehr zum Ärger der Ratsherren, überhand. Selbst im Schöntal, wo für Schüler der Durchgang verboten ist, spielten Halbwüchsige Fußball.
Am 11. Mai 1916 erließ das bayerische Innenministerium das Verbot des „Leichenschmauses und -trunks“. Die Veranstaltung sowie die Teilnahme daran und die Abgabe von Nahrungs- und Genussmitteln hierfür an die Gewerbe- und Handeltreibenden waren strikt untersagt. Zuwiderhandlungen wurden mit Gefängnis bis zu sechs Monaten oder einer Geldstrafe von bis zu 1500 Mark geahndet.
Auch wenn uns heute all jene Verordnungen und Verbote doch recht seltsam erscheinen mögen, so entstanden diese damals hauptsächlich unter dem Einfluss des unheilvollen Ersten Weltkrieges.

Margarethe Rücker

Erst mittels der bestialischen Folter, „einem von Gott gegebenen Werkzeug zur Findung der reinen Wahrheit“, wurde das „Hexenbrennen“ im 16./17. Jahrhundert möglich. Die ewig leeren Truhen der Mainzer Domkapitularkammer verlangten stets nach Einnahmequellen. So war es nicht verwunderlich, dass die von

In Folterkammern erpresste man Geständnisse von vermeintlichen „Hexen“.

Habgier beseelte weltliche und geistliche Obrigkeit alles daransetzte, an Geld zu kommen. Für die verantwortlichen Täter war es ein leichtes Unterfangen, sich den weit unter dem Volk verbreiteten Glauben an Hexen zu Nutze zu machen.
Einerseits sollten die Menschen, gefangen in ihrem Hexenwahn, durch die gezielte Ausrottung der „Sündenböcke“, eben der Teufelsbuhlinnen, besänftigt werden. Andererseits gierten die Schergen der unheiligen Inquisition nach dem Vermögen der Maleficanten. Um die nötigen „Geständnisse“ zu bekommen, unterzog man die Hexen grausamster Foltermethoden, damit sie Dinge gestanden, für die sie nie verantwortlich waren. Cornelius Loos, ein wacher Geist in einer finsteren Zeit, umschrieb die Hexenverfolgung als eine neue Art von Alchemie, wo durch das Vergießen unschuldigen Blutes Gold und Silber gewonnen wird. Bei nicht wenigen der „armen Teufel“ hieß es nur: „Mehr Schuld als Nahrung.“
Den schrecklichsten Qualen der peinlichen Befragung ausgesetzt, belastete Barbara Schöffer aus Leider mit ihrem Votum u.a. auch eine gewisse Margarethe Rücker. Da die „Karpfenwirtin“ („Zum goldenen Karpfen“, das älteste Gasthaus der Stadt, erbaut um 1400) als besonders betucht galt, wurde sie am 5. November 1611 in Haft genommen. Ihr wurde vorgeworfen, „Schaden an Mensch, Vieh und Frucht“ verübt zu haben. Der Scharfrichter unterzog sie der Folter. „Bekenne dich schuldig, entrinnen wirst du nicht!“, mit diesen Worten wurde die unschuldige Frau nicht weniger als achtzehnmal mit dem Seil aufgezogen. Nachdem sie aus ihrer Ohnmacht erwachte, wurde ihr geschundener Leib abermals schlimmster Tortur ausgesetzt. Zwei Tage später gestand sie im Verlies des „Hexenturms“, wo sie beinahe erfror, dass sie dem Bösen verfallen sei. Gemeinsam mit dem Leibhaftigen sei sie auf einem Bock zum Spitalbrunnen geritten, wo

er sie taufte. Im Wald von Nilkheim habe der Teufel, zusammen mit anderen „Hexenweibern“, mit ihr Hochzeit gefeiert. Kurz vor ihrer Hinrichtung am 19. Dezember 1611 bekam Margarethe Rücker ihr Todesurteil, unterzeichnet von Johann Schweickard von Kronberg. Es wurde öffentlich auf dem Richtplatz des „Galgenbuckels“ vor dem schaulustigen Volk vorgelesen:

„... weil sich die Unholdin bei der peinlich Befragung geständig und bußfertig erzeigte, lässt unser allseits gnädigster hochwohlgeborener Kurfürst und Erzbischof zu Mainz die fürstliche hohe Gnade erweisen, die Maleficantin erstlich durch das Schwert vom Leben zum Tode hinzurichten, als dann ihr toter Körper verbrannt werden soll ...“

Anschließend wurde das Vermögen der Ermordeten als „Einnahme Hexengeld“ der Mainzer Domkapitularkammer zugeführt.

Von der guten alten „Määkuh"

Nach über einem halben Jahrhundert ging in den 1930er-Jahren ein Stück Technikgeschichte zu Ende. Gleichzeitig verschwand damit auch der letzte Hauch von Romantik längs der mainfränkischen Flusslandschaft.

Am 10. Mai 1886 wurde oberhalb der Aschaffenburger Mainbrücke, bei der „Insel", die Mainkette bis nach Mainz auf den Grund des Flusses verlegt. Ein jedes Kettenglied wog nicht weniger als ein Kilo. Bevor der erste Kettendampfer am 3. August 1886 unter Kapitän Orschler seine Probefahrt unternahm, wurde Tage zuvor in Aschaffenburg der Stapellauf gefeiert. Zahllose Schaulustige hatten sich am alten Hafenplatz und auf der Schlossgalerie zu dieser Zeremonie eingefunden. Vertreter der königlich-preußischen, der bayerischen und der hessischen Regierung, höhere Baubeamte und Vertreter des Magistrats stießen einen Hochruf auf den bayerischen Prinzregenten Luitpold aus. Werft-Direktor Massing ließ am Bug des ersten Kettenschleppschiffes „Kette 1" eine Flasche Champagner zerschellen. Nach der Taufe löste man auf Kommando die Ketten. Der reich mit bayerischen und preußischen Fahnen geschmückte Kettendampfer wurde unter Böllerschüssen aus Kanonen, lautem „Hurra", fröhlichen Gesängen und Musik zu Wasser gelassen. Anschließend wurden die Werftarbeiter und die Schuljugend (!) zum Freibier eingeladen.

Am 8. August erfolgte die erste Fahrt von Mainz nach Aschaffenburg mit einundzwanzig Lastkähnen im Schlepptau. Das flache Dampfschiff, ein wahres Kraftpaket mit bis zu 140 PS, bewegte sich an der im Wasser liegenden Kette vorwärts. Diese tauchte klirrend am Bug aus dem Wasser auf. Lief an Bord weiter über Rollen, um anschließend über das Heck wieder einzutauchen.

Während der Schlepper behäbig brummte und schnaufte, stieß der Schornstein schwarze Rauchwolken aus. Weitere sieben Schlepper sollten folgen.
Später wurde die Strecke von der „Königlich Bayerischen Kettenschleppschiffahrt-Gesellschaft“ (KBKS) betrieben und von Aschaffenburg über Würzburg-Kitzingen bis nach Bamberg erweitert. Insgesamt hatte die „Mainkette“ eine Länge von 314 Kilometern. Nirgendwo anders gab es etwas Ähnliches wie unsere Kettenschlepper. In Aschaffenburg hatten sie ihren Heimathafen. Ihren Namen „Määkuh“ verdankten sie dem Signal, welches sie zur Warnung für andere Schiffe und Fischerboote ausstießen, die ebenfalls auf dem Main unterwegs waren. Ihr langgezogenes, merkwürdig klingendes tutendes „Uuuuuh, Uuuuuh!“ ähnelte doch sehr dem Muhen eine Kuh.
Die Kettenschleppschifffahrt brachte einen enormen Aufschwung des Mainverkehrs. Nach einem halben Jahrhundert

Das tutende Signal der Kettenschleppschiffe verhalf ihnen im Volksmund zum Namen „Määkuh“.

treuer Dienste mussten die „Mainkühe“ allerdings den modernsten Errungenschaften des Stromverkehrs mit größeren Schiffen weichen. Sie teilten das Schicksal der „Leinreiter“, jene berittenen Begleiter der flussaufwärts gezogenen Schiffe, welche sich zuvor in den Ruhestand verabschiedet hatten.

Gemeinsam mit der Määkuh“ Nr. II ging im Sommer 1937 auch ihr letzter Kapitän, Ludwig Heilig, in Pension. Auf ihrer letzten Fahrt Anfang Mai 1938 wurde die „Mainkette“ aus dem Fluss gehoben. Dazu wurde ein Schiff benötigt, auf dem man die aufgerollte Kette verlud, was nicht weniger als fünfzig Tage dauerte. Mit dem Ruf auf den Lippen: „Die Määkuh kimmt“, nahmen die Menschen wehmütig Abschied.

Mit einem Gesamtgewicht von viertausend Tonnen wurde die gehobene Mainkette als Alteisen ausgemustert und in Bamberg eingeschmolzen. Die Kettenschleppschiffe fielen einem ähnlich traurigen Schicksal anheim. Sie wurden verkauft und verschrottet. Ein Exemplar (Nr. V) jedoch hat, wenn auch ohne Aufbau, bis heute überlebt! Geplant ist, das Industriedenkmal nach erfolgter Restaurierung unterhalb des Schlosses Johannisburg auszustellen.

Der wackere Recke

Mitten im Stadtzentrum steht der letzte seiner Art. Die Rede ist vom Herstallturm. Einsam auf einer Verkehrsinsel stehend, „bewacht“ er den Zugang zur großen Fußgängerzone. Das steinerne Relikt aus einer längst vergangenen Zeit verleiht jener stark belebten Straße ihren Namen – Herstallstraße, genannt Herschelgass‘.
Das schmucke Türmchen trotzt wacker den Abgasen des fließenden Straßenverkehrs. Nicht weniger als rund zweiundzwanzigtausend Autos, Busse, LKW und Zweiräder passieren täglich seine Mauern. Viele Zeitgenossen würdigen ihn kaum eines Blickes, wenn sie, getrieben von Terminen und auf Shoppingtour, achtlos an ihm vorübergehen.
Doch zum Glück gibt es auch Menschen, die den zu den Wahrzeichen von Aschaffenburg zählenden Turm als schätzenswert einstufen. Zahlreiche Zeichnungen und Gemälde aus zurückliegenden Jahrhunderten und seit 1869 auch Fotos legen Zeugnis darüber ab. Nicht jeder weiß, dass dem einsamen Wächter einst ein „Bruder“ zur Seite stand. Im Jahre 1545 ließ der „Ablasshändler vor dem Herrn „Kardinal Albrecht von Brandenburg“ das Herstalltor errichten, das an dieser Stelle, gemeinsam mit Stadtmauer und Graben, den Zugang zur Stadt sichern sollte. An den eigentlichen großen Herstalltorturm grenzend, gehörten auch zwei so genannte Vortürme dazu. Einer der beiden ist der heutige Herstallturm.
Dem stetigen Wachsen der Stadt mussten im 19. Jahrhundert einige Mauern und Tore weichen. So fiel 1896 auch das Herstalltor der Spitzhacke zum Opfer. Dem einstigen Kunsthistoriker und Museumsdirektor Hefner-Alteneck ist es zu verdanken, dass wenigstens der eine Turm erhalten blieb. Umsichtige Ver-

kehrsplaner bezogen 1961 den Herstallturm in die neuen Verkehrswege mit ein, flankiert von zwei Ampeln, den ersten der Stadt überhaupt.
Seinen Namen „Herstall“ hat der wackere und einsame Recke übrigens den „Herren Rittern“ zu verdanken, die sich einst an dieser Stelle trafen, wenn ein Heerbann ausgerufen worden war.

Der Herstallturm als Teil der Stadtmauer flankierte einst, zusammen mit einem weiteren Turm, das Herstalltor.

Ludwig und Caroline

Aus der Ehe zwischen dem bayerischen König Ludwig I. und Therese von Sachsen-Hildburghausen gingen nicht weniger als neun Kinder hervor. Doch damit zeigte sich die Lendenkraft des Monarchen noch längst nicht erschöpft. Als notorischer Fremdgänger brach er jedes Tabu ehelicher Treue.

Ludwig I. reiste gern mit seiner Familie nach Aschaffenburg, wo er die Zeit der Sommerfrische genoss. Im „Bayerischen Nizza", wie er die Stadt liebevoll beschrieb, ließ er das prachtvolle Pompejanum erbauen. Doch er hatte nicht nur einen Sinn für schöne Bauten, sondern auch für die holde Weiblichkeit. In der „Schönheitengalerie" des Schlosses Nymphenburg erfreuen nicht weniger als achtunddreißig Porträts hübscher Frauen den Blick des Betrachters. Eine von ihnen war Caroline Lizius, die am 24. März 1824 als die Tochter des Kapellmeisters Christoph Franz Lizius und dessen Gattin Katharina in Aschaffenburg das Licht der Welt erblickte.

Ihr musikalisches Talent führte die erst Sechszehnjährige auf die Bühne. Während einer Gesangsdarbietung im Jahre 1840 in der Stadt war Ludwig I. unter den Zuhörern und wurde auf die junge Sopranistin aufmerksam. Er ließ die Sängerin nach der Aufführung zu sich kommen und verliebte sich prompt in Caroline, wie von Amors Pfeil getroffen.

Das Mädchen war etwa im gleichen Alter wie seine jüngste Tochter Alexandra. Damit der um achtunddreißig Jahre ältere Mann Caroline in seiner Nähe wusste, verschaffte er ihr eine Anstellung als Sopranistin in der Münchner Hofmusik. Der „verliebte Gockel" ließ seine Angebetete gleich zweimal für seine „Schönheitengalerie" malen.

Als Ludwig I. sich schließlich in die skandalumwitterte irische

Sängerin Lola Montez (eigentlich Elizabeth Rosanna Gilbert) verliebte, bekam Caroline eine Nebenbuhlerin um die Gunst des Königs. Es kann einen kaum verwundern, dass sich die beiden Frauen nicht sonderlich gut verstanden. Ludwig musste seiner neuen Liebschaft das Versprechen geben, dass er Caroline nur in ihrem Beisammensein treffen durfte. Wegen seiner Affäre mit Lola Montez musste der Wittelsbacher im

Caroline Lizius, Sängerin und Geliebte Ludwigs I.

März 1848 abdanken, woraufhin auch Caroline, als Schützling des Königs, ihre Anstellung bei den königlichen Hofmusikern verlor.

Ihr einstiger Liebhaber und Gönner hatte testamentarisch verfügt, dass ihr eine Geldsumme in Höhe von 24 000 Gulden zukomme, sollte sie bis zu seinem Tod ledig bleiben. Dies wahrlich verlockende Angebot ausschlagend, ging sie mit dem bayerischen Kabinettssekretär Karl Albert Joseph von Stobäus bereits ein Jahr später 1849 die Ehe ein und brachte noch im gleichen Jahr ihr erstes und einziges Kind zur Welt. Sie gab dem Knaben den Namen Ludwig …

Die einstige Sopranistin verstarb am 11. Dezember 1908 in Köln. Als Witwe sollte sie ihren Mann, aber auch ihren Sohn überleben.

Das erste Stadtfest

„Man muss die Feste feiern, wie sie fallen und wenn keine fallen, dann schaffen wir uns eben neue!“ Mit diesen Worten eröffnete am 6. September 1986 der damalige Oberbürgermeister, Dr. Willi Reiland, das erste Aschaffenburger Stadtfest.

Das Ascheberger Völkchen gilt gemeinhin als besonders gast- und feierfreudig. Anlässe gibt es zur Genüge. Dazu zählte auch das fünfzigjährige Bestehen des „Aschaffenburger Verkehrsvereins“. Aus eben jenem Grund wurde die Idee geboren, mit einem Fest ein möglichst großes Publikum in die Innenstadt zu locken. Mit dem Aufruf des Stadtoberhauptes „Essen Sie, trinken Sie, denn auch die anderen wollen leben!“ schob sich ein schier endloser „Feststrom“ tausender, gut gelaunter Menschen durch die Herschelgass‘, die umliegenden Gassen, ins Schöntal zur Goldbacher Straße und hinein in die „City-Galerie“. Zum Gelingen des Stadtfestes trug auch Petrus bei. Ohne die Sonnenstrahlen, die er vom weiß-blauen Himmel an den Main schickte, hätten wohl nicht so viele Menschen den Weg nach Aschaffenburg gefunden.

Alt und Jung – für jeden war etwas dabei. Musik tönte aus allen Richtungen und sorgte für beste Unterhaltung. Überall lockten die Aschaffenburger Geschäftsleute an ihren zahllosen Ständen, Buden und Treffs mit Angeboten. Besonders die Herschelgass‘ sah sich stark frequentiert, sodass es dort am Ende kaum ein Durchkommen mehr gab. Findige Eltern drückten ihren Kindern vorsichtshalber Luftballone in die Hand, damit sie die Kleinen im Getümmel nicht verloren.

Die Erwachsenen durften ihre Gaumen nicht nur an Bier und Wurst erfreuen. So manches Schmankerl, wie Austern, Kaviar oder Scampi verwöhnte die Genießer – ein wahres Mekka für

Feinschmecker. Auch für die Freunde des Frankenweins war gesorgt. Der „Kaufladen“ und die „Spielstraße“ brachten Kinderaugen zum Strahlen. Vom Lutscher bis zum Eis, vom Luftballon bis zur Fahrt mit dem Karussell, dem Vergnügen der Kleinen waren keine Grenzen gesetzt. Auch für das Marionettenstück „Puppenschiff“ gab es reichlich Applaus.

Beim Ascheberger Stadtfest ist die ganze Stadt auf den Beinen.

Der Besucher benötigte schon den ganzen Tag, wenn er einen Blick auf all die dargebotenen Aktivitäten werfen wollte. Auch die handwerklichen Vorführungen weckten das Interesse der Passanten, wie das Knüpfen von Teppichen oder dem Scheren eines Schafes.

Alle Besucher, Geschäftsleute, Gastronomen und Musiker schwärmten hinterher vom tollen Erfolg des ersten Ascheberger Stadtfestes. Überall zeigten sich zufriedene Gesichter. Fürwahr, es sollte keine einmalige Angelegenheit bleiben. Inzwischen ist das überaus beliebte City-Fest zu einer festen Einrichtung geworden und nicht vom Terminplan im August eines jeden Jahres wegzudenken.

Die Schutzpatronin

So mancher Zeitgenosse mag mit der Magie des Schutzzaubers nichts am Hut haben. Einige tun ihn gar als Aberglaube oder Altweibergeschwätz ab.

Doch den Zweiflern sei folgende Geschichte erzählt, die sie aufhorchen lassen möge:

Wer als Gast seinen Fuß ins Hotel „Wilder Mann“ setzt, kann die schöne und beeindruckende Figur einer Madonna unweit der Rezeption nicht übersehen.

Hans Gemeinhardt, der Großvater von Peter Gemeinhardt (der heutige Besitzer der Hotels „Wilder Mann“ und „Goldener Karpfen“) erwarb sie vom Eigentümer des Hauses Pfaffengasse 4 (das Eckhaus zur Dalbergstraße). Der wahre Grund, warum nun der vormalige Besitzer Jakob Wilhelm Scheidle seine Madonna weggab, ist nicht überliefert und wird uns für immer verborgen bleiben. An der Hausecke zum Stiftsplatz hin waren eigens eine Sockelkonsole und ein Baldachin für jene Figur angebracht. Das religiöse, aus Lindenholz geschnitzte Kunstwerk zierte das Gebäude seit seiner Errichtung um 1750. Aus eben jener Zeit stammt auch die Madonna. Warum sollte sie auf einmal weg? Mit dem Verkauf würde sich dort eine leere Stelle zeigen. Es musste also schon ein triftiger Grund vorliegen. Man kann deshalb nur vermuten, dass Scheidle (Besitzer des Gasthauses „Zu den drei Reichskronen“) die Madonna vielleicht aus Finanznöten weggab. Oder er war derart von Unglauben beseelt, dass er der Meinung war, das „alte Schamott“ habe seine Schuldigkeit getan und könne tunlichst weg.

Der genaue Zeitpunkt des Verkaufs liegt in der Zeit zwischen den beiden Weltkriegen. Es gibt Dinge zwischen Himmel und Erde, die sich mit Worten nicht erklären lassen. Der neue Besit-

zer durfte sich über seine Neuerwerbung freuen. Hans Gemeinhardt gab der Madonna einen würdigen Platz im Hotel.
Und wie stand es nach dem Verkauf eigentlich um den Verkäufer? Keine vier Wochen nachdem die Schutzpatronin ihres seit über 200 Jahren angestammten Platzes beraubt worden war, geschah das große Unglück: In dem nunmehr „schutzlosen“

Die Madonna und jetzige „Schutzpatronin“ des Hotels „Wilder Mann“.

Haus brach ein Feuer aus, wobei große Teile des Hauses den Flammen zum Opfer fielen. Als ob dies nicht genügte, wurde das gesamte Anwesen im Zweiten Weltkrieg von Bomben vollends zerstört. Seitdem die Madonna über den „Wilden Mann“ wacht, blieben dort die Besitzer und alle Gäste, die dort jemals ein- und ausgingen, vom Unheil verschont. Das Gleiche gilt auch für das Haus ...

„Und führe uns nicht in Versuchung!“

(nach einer wahren Begebenheit)

In Aschaffenburg gab es einst ein Etablissement, das vorwiegend die Männerwelt anzog. Eine junge hübsche Blondine stand hierbei im Mittelpunkt, die mit ihren verführerischen Reizen nicht geizte. Nur mit einem Slip bekleidet, stieg sie im lasziven Gang über eine Leiter in ein riesiges Sektglas. Sehr zur Freude der geilen Gaffer nahm die Venus vor aller Augen ein Bad. Ihre atemberaubende Show brachte das Blut des Publikums in Wallung. Zur Abkühlung der „erhitzten Gemüter“ spritzte sie lachend vor Vergnügen ein ums andere Mal Wasser auf die erregten Gäste.

In einer kleinen Ortschaft, unweit von Aschaffenburg, predigte ein Kuratus namens W. als „Hirte“ seinen „sündigen Schäfchen“ vom Wort des wahren Glaubens. Trotz seiner Soutane war er ein Mann aus Fleisch und Blut und somit auch den Verlockungen des Lebens ausgesetzt. Als der noch junge Hilfspriester von der badenden Venus erfuhr, wollte er dort selbst einmal „studienhalber nach dem Rechten sehen“. Ein einziger Blick genügte und er verliebte sich prompt in die (fast) nackte Schönheit. Wahrlich, es sollte nicht bei diesem einen Besuch bleiben. Denn kaum, dass er wieder ins Pfarrhaus zurückkehrt war, suchte er gleich am nächsten Abend ein weiteres Mal jenes Etablissement auf. Auch in der Folgezeit fand sein Auto des Öfteren den Weg ins nahe Aschaffenburg.

Als schließlich eine Frau aus seiner Kirchengemeinde von den Fehltritten des Herrn Kuratus erfuhr, sah sie sich in der heiligen Pflicht, bei der Diözese in Würzburg davon Meldung zu machen. Der Bischof zeigte sich entsetzt, dass wieder einmal ein Priester den Verführungen des Teufels zum Opfer gefallen war. Um den Glaubensabtrünnigen von der Damenwelt abzuhalten, wurde er strafversetzt und sollte fortan nur noch unter Männern weilen. So diente W. in der Folgezeit für den „Herrn“ bei der Bundeswehr, wo er in Wildflecken das Amt eines Feldgeistlichen (Militärseelsorger) versah.

Von einem einmaligen Besuch abgesehen, setzte W. zeitlebens keinen Fuß mehr in seine einstige Kirchengemeinde. Da, wo einst schäbiger Verrat an ihm geübt worden war, wollte er nicht bleiben. Geläutert ob seiner „fleischlichen Schwäche“ sollte er schließlich wieder auf den rechten Pfad der Tugend zurückfinden.

Seine Angebetete heiratete nach ihrer Karriere als „badende Venus“ einen gut betuchten Zahnarzt.

Der Tag, an dem die „Bembel" entführt wurde

(nach einer wahren Begebenheit)

Es war an einem heißen Sommertag im Jahre 1918. In ihrem alltäglichen Turnus verkehrte die Kahlgrundbahn zwischen Kahl und Schöllkrippen. Als die „Bembel", wie die kleine Lokomotive im Volksmund liebevoll genannt wurde, sich um die Mittagszeit dem „Meerhöfchen" näherte, verlangsamte sich die Fahrt. Schließlich blieb der Zug stehen. Keiner der Fahrgäste machte Anstalten auszusteigen, obwohl das Gasthaus an der „Hasenheide" für seine gute Vesper bekannt war.
Die Leute rieben sich verwundert die Augen, als Fahrer und Heizer gemeinsam mit dem Schaffner die „Bembel" verließen und zur Gastwirtschaft hinüberliefen. Als man ihnen nachrief, was denn dieser außerfahrplanmäßige Halt zu bedeuten hätte, kam die schnoddrige Antwort: „Mittagspause!" Im Abteil des vollbesetzten Wagens staute sich derweil die Mittagshitze, was den Fahrgästen schwer zu schaffen machte. Schwitzend sanken sie auf ihre harten Plätze. Es dauerte nicht lange, bis sich Unmut breitmachte.
Schließlich fasste sich ein junger Kerl mit Spitznamen „de dicke Andres" ein Herz. Trotz seiner Leibesfülle schwang er sich behände aus dem Waggon. Mitten in das Gestöhne und Gejammer der Fahrgäste erklang plötzlich das schrille Pfeifen des Zugsignals. Was dann geschah, ließ das abtrünnige Bahnpersonal staunen: Ihre „Bembel" bewegte sich wie von Geisterhand und fuhr davon. Die Bissen ihres Mittagessens blieben ihnen im Hals stecken. Als seien sie vor einem wilden Hornissenschwarm auf der Flucht, hetzten die Bahnler ihrem in Richtung Alzenau abfahrenden Zug zu Fuß hinterher.

Währenddessen kamen die Fahrgäste aus dem Staunen nicht heraus. Irgendwann dämmerte es ihnen aber doch, dass sie die Weiterfahrt keinem Geringeren als eben dem erst siebzehnjährigen „Andres“ zu verdanken hatten. Wie dieser Teufelskerl das schaffte, blieb allein sein Geheimnis. Dafür spendeten ihm die Leute entsprechenden Applaus. Als man obendrein die Eisenbahner mit hochroten Köpfen und keuchenden Lungen dem Zug hinterherhetzen sah, war die Freude unter den Fahrgästen umso größer.

Die Bahnler waren längst abgehängt, als die entführte „Bembel“ in den Bahnhof der kleinen Kreisstadt einfuhr. Genauso wie der „Entführer“ den Zug zum Fahren brachte, so verstand er es auch, ihn zum Halten zu bringen. Auf dem Bahnsteig staunte man nicht schlecht, als der junge Bursche aus dem Führerstand zum Vorschein kam. Aber wo blieb eigentlich das Zugpersonal? Noch ehe die Bahnaufsicht unbequeme Fragen stellen konnte, machte sich der junge Mann aus dem Staub.

Umgehend machte die herbeigerufene Polizei sich auf die Su-

1948 feierte die Kahlgrundbahn ihr 50-jähriges Bestehen.

che nach dem Entflohenen, den sie erst bei Einbruch der Dunkelheit in einem Stall, versteckt unter einem Futtertrog, fand. Die Sache ging vor das ortsansässige Amtsgericht, das den Bahn-Entführer zu einer gehörigen Geldstrafe verurteilte. Doch um deren Begleichung musste sich der „dicke Andres“ keine Sorgen machen. Die einstigen Fahrgäste, die fast alle als Zeugen im Gerichtssaal zugegen waren, beschlossen einmütig, zusammenzulegen und die Strafe zu bezahlen. Das war ihnen die wohl einmalige und unvergessliche Fahrt allemal wert und der Gerichtskasse war es egal.
Der Richter beendete die Sitzung mit einem amüsierten Lächeln und meinte, die Kahlgrundbahn habe ja jetzt einen tüchtigen Nachwuchsmann an der Hand, falls das Zugpersonal einmal knapp werden würde.

Das Geheimnis der beiden Türkenköpfe

Im Schatten des „Schönborner Hofes“ findet man das Haus „Zum Storchennest“. Zur Herkunft des Namens ist leider nichts bekannt, ebenso wenig befindet sich ein Storchennest auf dem Dach. Dem prächtigen Renaissanceportal und der übrigen Bauform nach zu schließen, könnte das Gebäude um 1600/1609 erbaut worden sein. Gegen Ende des 19. Jahrhunderts wurde es durch einen Anbau mit dem so genannten „kleinen Schloss“, dem „Schönborner Hof“, verbunden.

Das etwas abseits des Weges stehende Haus mit der ehemaligen „Kleinkinderbewahranstalt“ findet nur wenig Beachtung. Das rundbogige Portal ziert im Scheitel das Wappen der Adelsfamilie Faust von Stromberg und derer von Hettersdorf, um deren Adelssitz es sich bei dem Gebäude handelt. Bei genauem Hinsehen fallen dem Betrachter zwei besondere

Die so genannten „Türkenköpfe“ am Portal des Hauses „Zum Storchennest“.

Köpfe auf, bei denen es sich zweifelsohne um die Darstellungen zweier Osmanen handelt. Unterhalb der Wappenschilder richtet ein männliches Haupt seinen Blick nach rechts auf das einer Frau.
Bei der Errichtung des Portals mit dem Adelswappen schuf der Steinmetz im Auftrag eben auch jene beiden geheimnisvoll anmutenden so genannten „Türkenköpfe". Sie sollen an den Vater von Margarete von Hettersdorf erinnern. Als Befehlshaber des fränkisch-würzburgischen Dragonerregiments Hedersdorf hatte er einst in den „Türkenkriegen" gegen die Osmanen gekämpft. Vermutlich war es ein siegreicher Kampf, sonst hätte er wohl auf diese außergewöhnliche Verzierung seines Portals verzichtet.
Um die Kriege gegen die Türken zu finanzieren, wurde im 16. Jahrhundert die sogenannte „Türkensteuer" eingeführt, die jährlich zu entrichten war. Jeder Mann war ab dem zwanzigsten Lebensjahr dazu verpflichtet, seinem Stande entsprechend jene Kopfsteuer als „zugesagte Hilfe wider die Türken" zu entrichten.

Ein Maulaff und sein Meisterstück

Vor vielen Jahren, Aschaffenburg war noch ein kleines verträumtes Städtchen an den Ufern des Mains, in dem es außer dem Schloss, einigen Gasthäusern und den Adelshöfen nur eine Handvoll stinkreicher Stiftsherrn gab. Damit der Ort aus seinem Dornröschenschlaf erwacht und zu einer großen Stadt heranwächst, fassten die Ratsherren, allen voran der Stadtschultheiß, einen weisen Beschluss. Sie versprachen demjenigen, der das nächste Haus errichtet, einhundert Gulden. Die Auszahlung war an drei Bedingungen geknüpft:

- Der Bauherr musste ein gebürtiger Ascheberger sein.
- Das Gebäude musste gemauert sein.
- Das Gebäude musste neben einem Dach auch über Türen und Fenster verfügen.

Besondere Verzierungen waren hierbei nicht erforderlich. Der Stadtschultheiß und die Ratsherren gaben allesamt ihr Ehrenwort. Seit die Bevölkerung von diesem Beschluss erfahren hatte, war er das beherrschende Thema, wann immer man sich in der Stadt traf. Wer würde wohl das Gebäude bauen? Und wer würde die fette Prämie einsacken? Doch viele winkten ab. Auch wenn die einhundert Gulden ein durchaus stattlicher Geldbetrag waren, so würde die Prämie die Baukosten wohl kaum abdecken.
Noch bevor die erste Woche verstrichen war, bekam das Rathaus auf dem Stiftsberg Besuch, und zwar von jemandem, mit dem wohl niemand gerechnet hätte. Es handelte sich hierbei um Valentin, einen noch blutjungen Burschen mit einem ewig strahlenden Lausbubengesicht. Viele schimpften ihn als „Maul-

aff'", weil er den ganzen lieben langen Tag nichts anderes tat, als mit weit aufgesperrtem Munde daheim auf der Ofenbank zu sitzen und dabei fleißig Däumchen zu drehen. Diesmal aber war regelrecht Leben in den Sohn eines armen Winzers gelangt. Der „Maulaff" verlangte, den Herrn Stadtschultheiß zu sprechen. Die Amtmänner und Dienstboten des Rathauses rieben sich verwundert die Augen, als er in das Amtszimmer des Stadtoberhauptes trat. Es dauerte nicht lange und ein heftig schallendes Gelächter brachte die Wände des Rathauses zum Beben. Der Stadtschultheiß musste an sich halten, damit er nicht von seinem gepolsterten Lehnstuhl fiel, nachdem er von Valentins Begehr erfahren hatte.

„Ihr hobt richtich gehärt!", sprach Valentin mit todernster Stimme, „ich will mer die hundert Gulde abhole!"

„Und wo soll doi Hecklebasch denn stäih?", fragte der Stadtschultheiß belustigt.

„Na do owe uff' em Godelsberg, do wo de kloane Woiberch vom mom Vadder lait", erklärte Valentin.

Inzwischen hatte das Gespräch der beiden weitere Zuhörer bekommen. Von blanker Neugierde getrieben, hatten die Bediensteten des Rathauses heimlich die Tür zum Amtszimmer geöffnet und hielten gespannt die Ohren gespitzt. Dem Stadtschultheiß blieb dies nicht verborgen. Hatte er Valentin zunächst noch abwimmeln wollen, so sah er sich angesichts der Zeugen nun doch an sein Ehrenwort erinnert:

„Äwwer wehe dir, won du mich beschummele willst!" Die Rechte des Stadtschultheißen kreiste drohend über Valentins strubbeligen Blondschopf. „Donn werf ich der en Brunsdippe on doin Schäwes. Äwwer en vulle, des es nur sou krache tut …"

Der „Maulaff" grinste wie ein Honigkuchenpferd, denn er war sich seiner Sache sicher. Der Stadtschultheiß berief eiligst alle

Ratsherren ein. Zusammen machten sich alle, der Stadtschultheiß voran, auf zu den Höhen des Godelsbergs.
Und tatsächlich, der „Maulaff" hatte nicht gelogen! Keine zwei Schritte vom Bildstock des Sankt Urban, dem Schutzpatron der Winzer, entfernt stand ein kleines Gebäude.
„Oh Jesses, wos is donn des?", klappte dem Stadtschultheiß die Kinnlade herunter. Auch die Ratsherren kamen nicht aus dem Staunen heraus.
„Ja, hobt ihr donn noch nie en Hoasestall gesäh?", fragte Valentin mit stoischer Ruhe.
„Her mer bluoß uff, dich hot wohl de wille Watz gebisse. Des kunn ich sou net gelte losse!", sagte der Stadtschultheiß, der nicht wusste, ob er lachen oder weinen sollte, „des is alles oanere, äwwer nur koa richtiges Gebäude."
Er wandte sich den Ratsherren zu. Keiner von ihnen verzog eine Miene. Es hatte ihnen glattweg die Sprache verschlagen.
„Un ob des e' richtiges Gebäude ist", warf Valentin trotzig ein, „betrochts aich moi Schöpfung emol genauer. Die Wenn vom Hoasestall son aus Bruchstäh gemauert, un owwedrüwwer hots e' Dach aus Schinnel. Un die vier klone Türche, die allesomt Fenster hon, säh aus wie berm e' richtige Haus ach."
Derweil schauten die Langohren zwischen den Holzgittern hervor. Und ließen sich ihr Futter schmecken. Die Anwesenheit der Männer störte sie nicht im Geringsten.
„Äwwer hot doi komisches Heischje donn ach en Keller?", bemerkte der Stadtschultheiß siegessicher, „sunst kunnstse doi Sach gleich wärer vergässe."
„Do dro ho ich scho gedocht", antwortete der „Maulaff", dem förmlich der Schalk im Nacken saß, „säiht sälwer!!"
Der gewiefte Bursche zeigte auf die Sandsteinumrandung, auf welcher der Hasenstall stand.

„Un do druner gäiht e' klones Treppche in de' Erdbode noab."

„Jetzt reicht's äwwer, du Schinnos. De Deibenker soll dich hole!", rief der Stadtschultheiß nach Luft ringend und nestelte nervös am engen Ringkragen seiner Amtstracht herum, „helft mer. Ich bin mit moim Verstond am End."

„Jetzt is en gure Rat teier!", wandte er sich Hilfe suchend an die Ratsherren.

„Wenn mer doin Hoasetall als Gebäude oerkenne, donn ernte mer berm Volk Hohn und Spott", gab einer der Ratsherren zurück, „die Leit denke, mer hom allminoner e Schrauwe locker."

In seinen Worten schwang ein Hauch von Furcht mit. Auch die übrigen Mitglieder des Rats fühlten sich in ihrer Haut nicht sonderlich wohl.

„Ach her mer doch uff, du Knoderdippe. Es is doch allemol besser sou, als wen mer aich als Wortbrecher ausschimpfe det!", erwiderte Valentin und setzte wieder sein lausbübisches Grinsen auf. „Des Gleiche gilt ach fer aich", rief er den Ratsherren zu, „ihr braicht eier Schnude net bis nunner uff de Erdbode zu ziehe. Ach ihr hobt fers Gebäude un de Auszohlung de Prämie gestimmt."

Niemand widersprach dem Pfiffikus.

„Vielleicht moch es uns jo on Trost soi, des em waschechte Ascheberger en sou gescheite Eufall gekumme is", versuchte der Stadtschultheiß aus der Sache noch eine Art Geniestreich zu machen. Die finsteren Mienen der Ratsherren hellten sich sogleich auf.

„Ja, mer derf schließlich stolz druff soi, en solch schlaue Mitbürcher in unsrer Stoadt zu wissen", meinte einer der Ratsherren im Brustton der Überzeugung.

Noch am selben Tag bekam Valentin die einhundert Gulden für den Bau seines „Hauses" von der Stadtkasse ausgezahlt.

Wer den Schaden hat, braucht für den Spott nicht zu sorgen: Das Gelächter der Aschaffenburger Bevölkerung klang dem Stadtschultheiß und den Ratsherren noch lange Zeit in den Ohren.

Valentin kaufte von den einhundert Gulden zum kleinen Weinberg seines Vaters ein Stück Land dazu. So besaßen sie bald einen der größten Weinberge der Stadt, und es verging kaum ein Jahr, in dem ihnen nicht eine gute und reiche Traubenernte beschieden war.

Und die Moral von der Geschicht‘: Beim Maulaffenfeilhalten können einem manchmal die besten Einfälle kommen.

Eine vergessene Säge

Während des Österreichischen Erbfolgekriegs war Aschaffenburg von französischen Truppen besetzt. Die Bevölkerung stand unter dem schlimmen Joch der Unterdrückung, Schikanen, Frondienste und des Hungers.

Doch im Juli 1745 durften die Menschen aufatmen. Ihre Not sollte ein Ende nehmen, denn ein großes Heer der Österreicher näherte sich der Stadt. Daraufhin befahl der französische Kommandant Joachim-Louis Montaigut Marquis de Bouzols seinen Soldaten den Rückzug. Aus Verärgerung, dem prächtigen Renaissanceschloss Johannisburg mit all seinen Annehmlichkeiten wohl für immer „Adieu" sagen zu müssen, ließ er in den Kellerräumen Feuer legen. Nachdem die Brandstifter die Räume zugesperrt hatten, nahmen sie die Schlüssel an sich. Mit Rossen, Reitern, Wagen und Kanonen nahmen die Besatzer schließlich Reißaus.

Ihr Abzug erfolgte über die alte Mainbrücke. Zwei Tage zuvor hatten die Franzmänner in einen der Pfeiler große Löcher geschlagen und dort eine ordentliche Ladung Pulver angebracht. Kurz nachdem der letzte Franzose seinen Fuß auf das Leiderer Feld gesetzt hatte, setzte ein Capitaine d´ Artillerie die Lunte in Brand. Mit einem ohrenbetäubenden Explosionsdonner brach der Pfeiler der über zweihundert Jahre alten Mainbrücke zusammen, wobei zwei Brückenbögen mit in die Fluten des Mains gerissen wurden. Damit hatten die Franzosen ihren Rückzug gesichert.

Währenddessen griff das Feuer in den Schlosskellern weiter um sich. Es war reinem Zufall zu verdanken, dass der Brand überhaupt bemerkt wurde. Einer der Handwerksburschen bekam von seinem Meister eine ordentliche Standpauke gehalten, weil er im Schloss seine Säge vergessen hatte. Der schwer Gescholtene wurde zurückgeschickt, um sie zu holen. Der allmählich in die oberen Räume aufsteigende Rauch stieg dem Burschen in die Nase. Geistesgegenwärtig schlug er die Feuerglocke, worauf unversehens Bürger und Handwerksleute herbeieilten. Unter den wuchtigen Hieben der Beile gelang es, die Kellertüren aufzubrechen. Die beherzten Retter vermochten den Brand noch rechtzeitig zu löschen, bevor sich Schlimmeres ereignen konnte. Zum Dank bekam die „Löschmannschaft" einen „Trunk aus den nahen Wirtshäusern" gereicht.

Nicht auszudenken, was passiert wäre, hätten die Franzosen mehr Zeit für ihren Rückzug gehabt. Womöglich wäre dem Schloss ein ähnlich trauriges Ende durch eine Sprengung

Schloss Johannisburg auf einem Kupferstich aus dem 17. Jahrhundert.

wie der Mainbrücke beschieden gewesen. Unsere westlichen Nachbarn hatten sich ja schon vorher als wahre Sprengmeister bewiesen. Die Zerstörung des Heidelberger Schlosses 1693 im Zuge des Pfälzer Erbfolgekrieges mag als Beispiel gelten.

„Denn da, wo mein Schatz ist, soll auch mein Herz sein"

Am 10. Februar 1817 lag der Fürstprimas des Rheinbundes, Großherzog von Frankfurt und Erzbischof von Mainz (bzw. von Regensburg) Carl Theodor Anton Maria von Dalberg, auf seinem Sterbebett. Seine wohl letzten Gedanken galten Aschaffenburg. Zu Lebzeiten hatte er die kleine Stadt am Main kennen- und liebengelernt. Er gab ihr auch viel zurück. Dalberg sah sich nicht nur als eifriger Förderer von Schulen, Wissenschaft und Kultur. Mit einem sozialen Engagement, das seinesgleichen suchte, linderte er die Not der Armen, Bedürftigen und Kranken. Infolge Entscheidungen auf höchster politischer Ebene sah sich der einstige Reichserzkanzler Dalberg gezwungen, im September 1813 seine geliebte Heimat für immer zu verlassen. Das einst so stolze große Kurfürstentum Mainz wurde mit einem Federstrich von der Landkarte gestilgt. Und somit verlor auch er seine Macht als letzter Mainzer Kurfürst. Ihm blieb letztlich nur der Rückzug nach Regensburg.
Bevor der Vierundsiebzigjährige nach einem Schlaganfall für immer seine Augen schloss, machte er sein Testament. Sein letzter Wille war, in die kleine Stadt am Main heimzukehren, an die er sein Herz verloren hatte. Der Sterbende wählte dazu passend

einen Auszug aus der „Bergpredigt“: „Denn da, wo mein Schatz ist, soll auch mein Herz sein.“
Nachdem Dalberg gestorben war, wurde sein Vermächtnis erfüllt. Man öffnete den Brustkorb des Leichnams und entnahm sein Herz. Der Verstorbene wurde im Dom zu Regensburg feierlich beigesetzt, sein einbalsamiertes Herz schickte man auf die letzte Reise. Von einer berittenen Eskorte begleitet, traf die silberne, mit reicher Ornamentik verzierte Herzkapsel am 8. April 1817 in Aschaffenburg ein. Dalberg war heimgekehrt!

Carl Theodor von Dalberg auf einem Porträt von 1812.

In der Krypta der Stiftskirche wurde die Herzurne zunächst an der Seite des Sargs von Erthal (Dalbergs Vorgänger) beigesetzt. Seit dem 26. Juni 1877 findet sich die Reliquie in einer kleinen Nische des linken westlichen Vierungspfeilers. Zu Ehren des einstigen Wohltäters trägt in Aschaffenburg heute eine Straße seinen Namen und auch ein Gymnasium ist nach ihm benannt.

Das kostbarste Kleinod der Stadt

Anno 1523 war er nach Aschaffenburg zurückgekehrt. Die lange Zeit seiner Wanderjahre neigte sich dem Ende zu. Als Meister Mathis vor vielen Jahren zum ersten Mal durch die Pforte des großen Metzgertorturmes getreten war, war sein Wesen noch von Hast und Ruhelosigkeit erfüllt gewesen. Nun aber schritt der Vierundfünfzigjährige bedächtigen Schrittes die steile Anhöhe des Stiftsbergs hinauf.
An seiner Seite weilte sein Famulus. Überall dorthin, wo der Maler im Auftrag der Kirche geschickt wurde, trug jener treue Gehilfe für seinen Herrn all die Utensilien wie Zirkel, Pinsel und Farben.
Diesmal hatte Kardinal Albrecht von Brandenburg Meister Mathis abermals nach Aschaffenburg geschickt. An seiner alten Wirkungsstätte hatte er sein grandioses Genie mehrfach unter Beweis gestellt. So war er als Baumeister für die berühmte Wasseranlage im „alten Schloss" (Burg) verantwortlich. Neben der Errichtung von Schöpfwerken im Main verstand er sich beim Bau der ersten Trinkwasserleitung der Stadt als „Wasserkunstmacher". Nicht nur der Laufbrunnen auf dem Stiftsplatz, son-

dern auch die Leitungen in die Küchen und Kemenaten wurden seitdem mit Wasser gespeist. Außerdem erschuf er hier mit der „Stuppacher Madonna“ eines der wohl bedeutendsten Bildnisse der Gottesmutter.

Noch ahnte der Meister nicht, dass er an den Ufern des Mains sein letztes Bild malen sollte. Sozusagen am Vorabend des Bauernkrieges trug er neben seinem Wappenbrief auch die „Zwölf Artikel“ mit den Forderungen der Aufständischen, das zu Papier gebrachte lutherische Gedankengut, mit sich. Fürwahr der Besitz jenes als ketzerisch angesehenen Schriftstückes galt als äußerst gefährlich. Erst recht, wenn sein Besitzer als Hofmaler in den Diensten des Mainzer Kurfürsten und Erzbischofs stand.

Still und in sich gekehrt, machte sich Mathis gemeinsam mit seinem Gehilfen an die Arbeit. In der Stube eines prächtigen Stiftshofs richtete er seine Werkstatt ein. Der Auftrag lautete, eine Truhe für das „Heiliggrab“ mit der Darstellung des toten Heilands zu bemalen. Wie immer hörte Mathis auf die innere „Stimme des Leids und der Liebe“. Sein Bild erzählt von der „Beweinung Christi“. Mit den Maßen 36 x 136 cm auf Tannenholz gemalt, zeigt die einmalige Predella den Leichnam des Gottessohnes, zu dessen Füßen rechts im Hintergrund die trauernde Magdalena kniet. Die Stimmung wirkt düster. Die Farbgebung jedoch zählt mit zu den besten Leistungen des Künstlers.

Nachdem der Maler seinen Auftrag erledigt hatte, verließ er Aschaffenburg und sollte niemals wieder dorthin zurückkehren. Die „Beweinung von Aschaffenburg“ sollte den bald darauffolgenden Bildersturm, der in den Wirren des Bauernkriegs tobte, heil überstehen. In der Stiftskirche ausgestellt, erfreuen sich heute die staunenden Bewunderer am wohl kostbarsten Kleinod von Aschaffenburg.

Da der Maler kein Geheimnis daraus machte, dass er sich der lutherischen Lehre zugetan fühlte, wurde er 1526 vom eifrigen Förderer des Ablasshandels, Albrecht von Brandenburg, aus dem Dienst als Hofmaler entlassen. Ende August 1528 schloss sich in Halle für Meister Mathis aus Aschaffenburg der Lebenskreis.
Der wohl bedeutendste Vertreter deutscher Renaissancekunst und das nach Albrecht Dürer größte deutsche Malgenie hatte sein schaffensreiches Erdendasein mit herrlichen Werken ausgefüllt. Seine Bilder zählen zu den ausdrucksstärksten Werken europäischer Kunst. Selbst ein Pablo Picasso gehörte zu Mathis Bewunderern. Erst einhundertfünfzig Jahre nach seinem Ableben gab man ihm seinen heutigen Namen: Matthias Grünewald.

Die Offenbarung des Clemens Brentano

Clemens Brentano (1778–1842) gilt als einer der bedeutendsten Lyriker der deutschen Romantik. Seine Werke zeichnen sich durch ihre über den Realismus hinausgehende Bildsprache und besondere sprunghafte Ausdrucksweise aus. Während seines schaffensreichen Daseins sollten nur wenige seiner dichterischen Werke ihre Veröffentlichung erfahren. Erst nach seinem Ableben gelangte der Dichter richtig zu Ehren.
Wenig bekannt ist hingegen, dass Brentano sozusagen den Anstoß für eine ganz besondere Entdeckung gab:
Im westfälischen Dülmen verbrachte er sechs Jahre an der Seite der stigmatisierten Nonne Anna Katharina Emmerick und zeichnete deren Visionen auf. Vieles deutet jedoch darauf hin, dass der Romantiker sein „eigenes Wort“ in die Aufzeichnungen

mischte. Seine Erzählung „Das Leben der Heiligen Jungfrau Maria“ schildert deren Dasein im antiken Ephesos. An der Seite des Apostel Johannes soll Maria ein Haus nahe dem Meer bewohnt und dort auch ihr Leben beendet haben.

In der Auffindung jener Stätte erfüllte sich die Weissagung der Anna Katharina Emmerick, denn all jenes Schrifttum weckte zehn Jahre nach Brentanos Tod, das Interesse des französischen Geistlichen Julien Gouyet. Den Beschreibungen Brenta-

Das Grabmal der Familie Brentano auf dem Aschaffenburger Altstadtfriedhof.

nos folgend, fand der Priester auf seiner Suche im Jahre 1881 auf dem Berg Korresos (bei Ephesos) das „Haus der heiligen Jungfrau Maria“ (türkisch „Panaya Kapulu“). Gegen Ende des 19. Jahrhunderts entwickelte sich hier ein Marienheiligtum.
Der Wallfahrtsort zieht seitdem sowohl katholische als auch orthodoxe Christen in seinen Bann. Aber auch Türken erbitten bei „Maryam, der Mutter von Isa“ himmlischen Beistand. Selbst islamische Pilger finden ihren Weg dorthin. Ähnlich wie in Lourdes und anderen Pilgerstätten, beleben dort noch heute die Gottgläubigen das florierende Geschäft. Auch die Oberhäupter der katholischen Kirche, wie Papst Paul II. oder Benedikt XVI. spendeten dem heiligen Ort den apostolischen Segen. Durch seine allmähliche Bekanntheit erwachte der einst vergessene Küstenstrich aus seinem Dornröschenschlaf. Und so tummeln sich alljährlich am Badestrand von „Panaya Kapulu“, nahe den Ruinen von Ephesos, zahlreiche Touristen.
Am Abend des 8. Juli 1842 kam Clemens Brentano nach Aschaffenburg. Der Vierundsechzigjährige sah sich von Schwermut und Wassersucht geplagt. Im Familienkreis seines Bruders Christian suchte er Erholung von seinen Leiden. Ihm blieben aber nur noch zwanzig Tage, an denen sich seine Sehnsucht nach den Augenblicken der Ruhe und Stille erfüllten. Am 28. Juli schloss der große Lyriker und wohl geheimnisvollste „Sänger“ der Romantik für immer seine Augen.
Die Zerrissenheit seines Wesens offenbart sich auf seinem Grabstein auf dem Altstadtfriedhof, wo neben einem Lorbeerzweig ein Dornenkranz in Stein gemeißelt sind. Die Dornen symbolisieren seine Gottgläubigkeit. Doch konnte der Wahlaschaffenburger Clemens Brentano nicht ahnen, dass sein literarisches Werk zur Gründung einer Wallfahrtsstätte beitragen würde.

Weitere Bücher aus der Region

Aschaffenburg – Farbbildband
Thomas Meßenzehl/Torsten Krüger
deutsch, english, français
64 S., Hardcover, zahlr. Farbfotos
ISBN 978-3-8313-2765-2

Aschaffenburg – Das bayerische Nizza
„Bayerisches Nizza“ und Tor zum Spessart – das ist Aschaffenburg. Im 19. Jahrhundert war es Sommerresidenz des bayerischen Königs Ludwig I. und noch heute locken nicht nur die weithin sichtbaren Türme des Schlosses Johannisburg zahlreiche Menschen in die Stadt am Main. Auch das milde Klima, üppiges Grün, Kunst, Kultur und Lehre tragen zur Beliebtheit Aschaffenburgs bei Einheimischen und Gästen bei.

Mainzauber
Sagen und Geschichten aus Aschaffenburg
Thomas Meßenzehl
80 S., Hardcover, zahlr. S/W-Fotos
ISBN 978-3-8313-2756-0

Dunkle Geschichten aus Aschaffenburg
schön & schaurig
Thomas Meßenzehl
80 S., Hardcover, S/W-Bilder
ISBN 978-3-8313-3261-8